도시부동산 가치, AI 머신러닝 모델에게 물어봐

원제무

publishing and culture
피앤씨 미디어

머리말

오랫동안 도시부동산의 가치는 마치 고요한 호수 속 심연처럼, 표면에서는 쉽게 읽히지 않는 영역이었다. 그동안 전문가들은 경험과 직관이라는 오래된 나침반을 손에 쥐고, 제한된 정보 속에서 부동산의 잠재력과 리스크를 가늠해 왔다.

그 과정은 항상 불확실성을 감내하는 모험이었다. 그러나 이제 우리는 전혀 다른 도구를 손에 넣었다. 그것은 바로, 거대한 데이터의 바다를 항해할 수 있는 AI라는 정밀한 항로계와, 그 속에서 보이지 않는 길을 찾아내는 머신 러닝 알고리즘이라는 탐지 장치다.

도시의 심장부에서 흐르는 사람과 자본, 교통과 정보의 미세한 맥박이 데이터로 기록되고, AI는 그 맥박 속에서 보이지 않던 패턴을 읽어낸다. 과거의 흐름에서 미래의 방향을 예측하고, 수많은 가능성 중 최적의 선택지를 가려내는 능력은 이제 일부 전문가만의 전유물이 아니다. AI는 누구에게나, 도시와 도시부동산을 해석할 수 있는 새로운 '렌즈'를 제공하고 있다.

이 책, "도시부동산 가치, AI 머신러닝 모델에게 물어봐"는 그러한 렌즈를 들고 도시부동산을 바라보는 여정을 안내한다. 복잡한 수식이나 전문 코드를 몰라도, 독자는 '가상사례'라는 생생한 돋보기를 통해 AI가 어떻게 도시부동산의 가치를 읽고 미래를 예측하는지 목격하게 된다.

제1부: 도시부동산의 가치를 비추는 세 개의 렌즈

첫 번째 렌즈는 '지도 학습(Supervised Learning)'이다. 과거 데이터를 학습하여 미래를 예측하는 AI의 여정은, 마치 오래된 항해 기록을 분석해 오늘의 바다를 건너는 선장의 모습과 같다. 거래사례로 주택 가격을 예측하고, 시계열 데이터를 통해 가치의 추세를 보며, 도시 전역의 도시부동산 가격 지도를 그리는 과정에서 독자는 데이터 속의 맥락과 모델의 작동원리를 통해 AI의 통찰을 배운다.

두 번째 렌즈는 '지도 학습(Unsupervised Learning)'이다. 정답이 없는 데이터 속에서 스스로 구조를 찾아내는 AI는, 지도에 없는 길을 탐험하는 탐험가 와도 같다. 숨은 진주 같은 저평가 부동산을 발견하고, 건축적 DNA를 분석해 도시의 미학적 지도를 새롭게 그리고, 젠트리피케이션의 전조를 미세한 데이터 진동 속에서 감지한다.

세 번째 렌즈는 '강화학습(Reinforcement Learning)'이다. 가상의 도시부동산이라는 실험실에서 AI는 수천 번의 시행착오를 거쳐 최고의 투자 전략을 학습한다. 최적의 포트폴리오를 만들고, 시장 변화에 맞춘 동적 임대료를 설계하며, 입지·시기·개발유형이 얽힌 복합 의사결정 속에서 가장 빛나는 해답을 찾아낸다.

제2부: AI 모델은 필요할 때 꺼내 쓰는 도구상자

제2부에서는 세 가지 렌즈를 통해 보는 다양한 가상사례를 탐구한다. 의사결정나무는 가지를 뻗어 성공적인 도시부동산 입지의 경로를 시각화하고, 랜덤 포레스트는 여러 나무의 집단 지성을 모아 도시부동산 프로젝트 투자와 예측의 불확실성을 줄인다. 나이브 베이즈는 확률적 시선으로 도시부동산의 가치와 평판을 읽고, 서포트 벡터 머신은 도시부동산 속성의 경계를 수학적으로 분명하게 가른다. 회귀 분석은 가격과 수요추정과 예측의 기초를 다지고, 공간 회귀분석은 공간이라는 '지역성' 색을 더한다. 마지막으로 클러스터링은 비슷한 삶과 라이프스타일 패턴을 묶어 새로운 도시부동산 시장의 지도를 만든다.

이 책의 힘은 '가상사례'에 있다. "숨은 진주 찾기", 가격예측, 가치평가, "젠트리피케이션 전조 포착", "상권의 경계선 긋기" 같은 구체적인 미션은 독자의 호기심을 깨운다. 그리고 AI가 그 미션을 해결하는 과정을 따라가다 보면, 추상적인 수학과 데이터가 어떻게 현실의 도시 속에 발을 딛고 솔루션을 도출하는지를 생생히 느낄 수 있다.

이 책은 데이터를 통해 도시부동산을 읽고, 모델로 도시부동산의 가치를 도출하는 새로운 '도시부동산 언어'를 배우는 초대장이다. 이 책은 수학이나 계량적 배경이 없는 독자들도 따라갈 수 있도록 수십 개의 알기 쉬운 가상사례를 펼쳐놓었다. 학생에게는 미래 전문가의 도구를, 실무자에게는 전략적 나침반을, 도시부동산 분야를 전공하고 실무를 하는 모든 이에게는 새로운 시각을 선물하고자 한다.

이제 AI가 들려주는 도시부동산에 대한 새로운 이야기에 귀를 기울일 시간이다. 도시부동산의 숨겨진 가치는, 준비된 눈을 가진 이들에게 더 이상 비밀이 아니다.

차 례

Part 1 머신 러닝의 핵심 알고리즘을 활용한 도시부동산 평가

주제 1 AI가 혁신하는 주요 도시부동산 분야

주제 2 지도 학습(Supervised Learning)을 활용한 부동산 가치예측

주제 3 비지도 학습(Unsupervised Learning)을 활용한 도시부동산 유형 분류

주제 4 강화학습(Reinforcement Learning)을 활용한 부동산 투자 전략

Part 2 머신 러닝의 주요 알고리즘

Part 1

머신 러닝의 핵심 알고리즘을 활용한 도시부동산 평가

01

주제
1

AI가 혁신하는 주요 도시부동산 분야

1

AI가 혁신하는 16가지 주요 도시부동산 분야

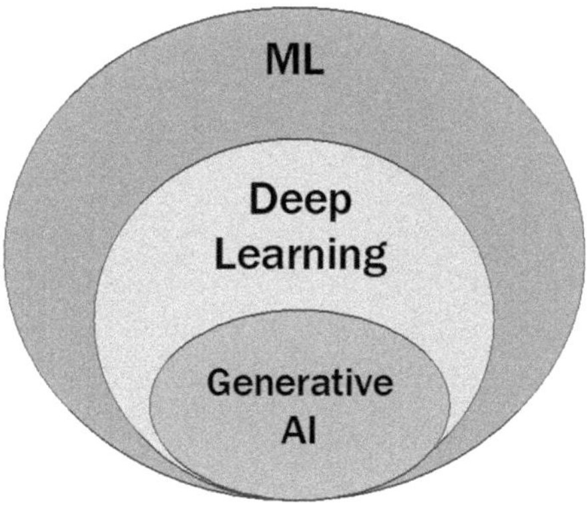

Figure 1. Generative AI model

https://www.aibrilliance.com

1. **매물 설명 자동화:** AI를 활용하여 부동산 매물에 대한 설명이 자동으로 생성된다.
2. **가상 부동산 투어:** 사용자에게 실제 방문 없이 가상 공간을 통해 부동산을 투어할 수 있는 기능이 제공된다.
3. **가상 연출(Virtual Staging):** 가구 배치 및 인테리어를 가상으로 구현하여 시각적 효과를 극대화한다.

Virtual Staging Furniture Placemen, https://homejab.com

4. **리드 생성 자동화:** 잠재 고객을 자동으로 발굴하고 추적하는 기능이 수행된다.

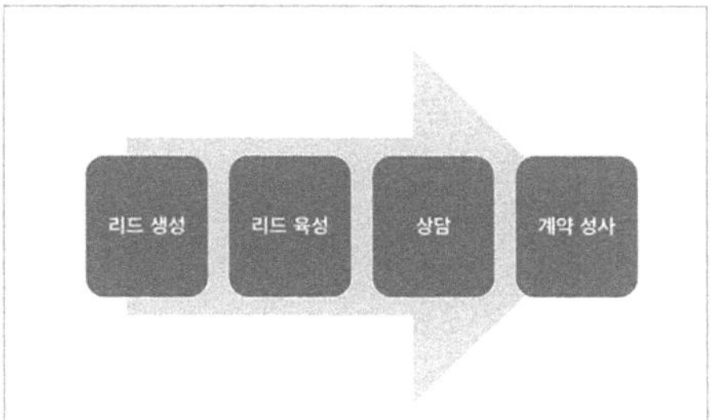

영업 업무의 첫 걸음, 리드 생성이란? - 세일즈포스(Salesforce)

5. **부동산 자산 관리:** AI 기반 시스템을 통해 임대 및 자산 운영 관리가 효율적으로 이루어진다.
6. **사기 및 규정 준수 감지:** 사기 행위 및 법적 준수 여부를 AI가 자동으로 탐지하고 분석한다.
7. **부동산 검색 최적화:** 사용자의 선호도에 기반하여 부동산 매물을 효율적으로 추천한다.
8. **실사(Due Diligence) 자동화:** 계약 전 실사 과정이 자동화되어 시간과 비용이 절감된다.

상용부동산 구매시 실사의 중요성과 체크리스트
https://songlawfirm.tistory.com

9. **부동산 분석:** AI를 활용하여 시장 트렌드 및 개별 부동산의 가치 분석이 이루어진다.
10. **고객 지원:** 챗봇 등 AI 도구를 통해 24시간 고객 지원이 제공된다.
11. **지능형 데이터 처리:** 다양한 부동산 데이터를 통합 및 분석하여 인사이트가 도출된다.
12. **예측 분석:** 시장 변화, 가격 변동 등을 사전에 예측하여 전략적 의사결정을 지원한다.

집주인 대신 임차인과 대화한다-국민일보
https://www.kmib.co.kr

13. **포트폴리오 최적화:** 투자자의 자산 포트폴리오 구성이 AI에 의해 분석되고 최적화된다.
14. **임대 계약 및 문서 관리:** 임대차 계약 및 관련 문서가 디지털화되어 자동으로 처리된다.
15. **자동 부동산 가치 평가:** 부동산의 가치를 AI가 실시간으로 평가하여 제공한다.
16. **임차인 행동 분석:** 임차인의 행동 패턴을 분석하여 리스크 및 선호도를 예측한다.

2

도시부동산 분야에서 활용되는 AI솔루션의 유형

1. AI 중개 기술(AI Brokerage Tech)

• 중개 인텔리전스 소프트웨어: 부동산 중개 과정을 자동화하고 의사결정을 지원하는 시스템이 활용된다.

AI Brokerage Tech, https://extensishr.com/

- 매물 생성 소프트웨어: 부동산 매물 정보를 자동으로 생성하고 등록하는 기능이 제공된다.
- 영상 생성 및 이미지 분석 도구: 시각 콘텐츠 제작 및 이미지 분석을 통해 사용자 경험이 향상된다.
- 협업 플랫폼: 에이전트와 고객 간 협업이 실시간으로 가능하도록 지원된다.

2. AI 감정 및 대출 기원 솔루션(AI Appraisal and Loan Origination Solutions)

- 로봇 소프트웨어 및 협업 로봇(Cobots): 반복적인 작업이 자동화되어 효율성이 향상된다.
- 자동 가치 평가 모델(AVM): 부동산 자산의 가치를 실시간으로 평가하는 기능이 구현된다.
- 금융 및 리스크 평가 플랫폼: 대출 심사 및 리스크 분석이 자동화된다.
- 소유권 관리 도구: 등기 및 소유권 관련 업무가 디지털화된다.

AVM - 부동산 자동가치평가 시스템, https://www.klv.kr/tech_avm

- 인수 심사 인텔리전스 플랫폼: 대출 인수 과정이 정밀하게 분석되고 처리된다.
- 감정 인텔리전스 플랫폼: 시장 및 환경 데이터를 기반으로 감정 정확도가 제고된다.

3. AI 부동산 관리 기술(AI Property Management Tech)

- 공간 관리 도구: 공간의 활용도 및 배치를 최적화하는 시스템이 활용된다.
- 자산 관리 도구: 임대, 유지보수 등 자산 운영 전반이 자동화된다.
- 호스피탈리티용 입주자 선별 도구: 임차인 평가 및 선별이 자동으로 수행된다.

4. AI 홈 자동화 솔루션(AI Home Automation Solutions)

- 전면적 주거 자동화 관리: 조명, 온도, 기기 제어 등 가정 내 자동화가 구현된다.
- 스마트 보안 시스템: AI 기반 보안 시스템을 통해 주거 안전이 확보된다.
- 스마트 빌딩 시스템: 에너지, 시설, 보안 시스템이 통합 관리된다.

5. AI 에너지 자원 관리 솔루션(AI Energy Resource Management Solutions)

- 에너지 인텔리전스 소프트웨어: 에너지 사용 데이터를 분석하여 효율적 운영이 가능하게 한다.
- 재생 에너지 관리 소프트웨어: 태양광, 풍력 등의 자원을 효과적으로 통합 관리한다.

- 기후 관리 시스템: 실내외 환경을 자동 조절하여 쾌적한 공간이 조성된다.

6. AI 기반 부동산 개발 및 건설(AI in Real Estate Development & Construction)

- 건설 데이터 관리 소프트웨어: 프로젝트 데이터를 실시간으로 수집 및 분석한다.
- 건물 관리 소프트웨어: 빌딩 시스템 운영이 자동화되고 최적화된다.
- 인테리어 디자인 생성 소프트웨어: 실내 디자인이 자동 생성되어 설계 효율성이 향상된다.
- 부동산 개발 소프트웨어: 개발 기획 및 실행 전략이 AI 기반으로 지원된다.

7. AI 부동산 투자 솔루션(AI Real Estate Investment Solutions)

- 부동산 투자 플랫폼: 투자 분석 및 실행이 데이터 기반으로 자동화된다.
- 투자 관리 도구: 자산 배분 및 수익률 관리가 최적화된다.

https://www.matellio.com

8. 대화형 AI 도구(Conversational AI Tools)

- 챗봇 및 텍

■ **AI 기반 도시부동산 분야별 구체적 솔루션 별 목표, 주요 기술, 역할, 활용 예시**

유형	목표	주요 기술	역할	활용 예시
1. AI 중개 기술 (AI Brokerage Tech)	부동산 중개 프로세스 효율화 및 사용자 편의성 증대	- 중개 인텔리전스 소프트웨어, - 매물 생성 소프트웨어, - 영상 생성 및 이미지 분석 도구, - 협업 플랫폼	- 매물 정보 자동 생성 및 관리, - 잠재 고객 맞춤형 매물 추천, - 비대면 계약 지원, - 에이전트-고객 간 실시간 소통 지원	- 가상 투어 제공, - AI 챗봇을 통한 매물 상담, - 빅데이터 기반 부동산 시장 분석 정보 제공
2. AI 감정 및 대출 기원 솔루션(AI Appraisal and Loan Origination Solutions)	부동산 자산 가치 평가 정확성 및 효율성 향상, 대출 심사 및 리스크 관리 자동화	- 로봇 소프트웨어 및 협업 로봇(Cobots), - 자동 가치 평가 모델(AVM), - 금융 및 리스크 평가 플랫폼, - 소유권 관리 도구, - 인수 심사 인텔리전스 플랫폼, - 감정 인텔리전스 플랫폼	- 반복적인 감정 평가 업무 자동화, - 실시간 부동산 가치 추정, - 대출 적격성 자동 판단, 담보물 리스크 분석, - 감정 평가 정확도 향상	- AI 기반 부동산 시세 예측, - 머신러닝 기반 대출 연체 예측 모델, - 블록체인 기반 등기 관리 시스템
3. AI 부동산 관리 기술(AI Property Management Tech)	부동산 자산 운영 효율성 극대화 및 입주자 만족도 향상	- 공간 관리 도구, - 자산 관리 도구, - 호스피탈리티용 입주자 선별 도구	- 건물 에너지 소비 최적화, - 유지보수 예측 및 자동 알림, - 임대료 자동 징수, - 잠재 임차인 자동 평가 및 선별	- 스마트 빌딩 에너지 관리 시스템, - AI 기반 건물 하자 예측 시스템, - 비대면 임대 계약 및 관리 플랫폼

4. AI 홈 자동화 솔루션(AI Home Automation Solutions)	주거 편의성 및 안전성 향상, 에너지 효율 증대	- 전면적 주거 자동화 관리, - 스마트 보안 시스템, - 스마트 빌딩 시스템	- 조명, 냉난방, 가전기기 자동 제어, - 침입 감지 및 알림, - 건물 내 설비통합 관리 및 최적화	- 음성 인식 기반 스마트 홈 제어 시스템, - AI 기반 지능형 방범 시스템, - 에너지 관리 시스템 연동
5. AI 에너지 자원 관리 솔루션(AI Energy Resource Management Solutions)	건물 및 도시 단위 에너지 효율 증대 및 지속 가능한 환경 조성	- 에너지 인텔리전스 소프트웨어, - 재생 에너지 관리 소프트웨어, - 기후 관리 시스템	- 에너지 사용 패턴 분석 및 예측, - 재생 에너지 발전량 예측 및 효율적 배분, - 실내외 환경 자동 조절	- AI 기반 스마트 그리드 구축, - 태양광 발전 효율 예측 시스템, - 건물 에너지 관리 시스템 연동
6. AI 기반 부동산 개발 및 건설(AI in Real Estate Development & Construction)	건설 프로젝트 효율성 및 생산성 향상, 설계 및 시공 품질 향상	- 건설 데이터 관리 소프트웨어, - 건물 관리 소프트웨어, - 인테리어 디자인 생성 소프트웨어, - 부동산 개발 소프트웨어	- 건설 현장 데이터 실시간 분석 및 의사 결정 지원, - 건물 정보 모델링(BIM) 기반 시공 관리, - 3D 모델링 기반 자동 디자인 생성, - 개발 사업 타당성 분석 및 최적화	- 드론 기반 건설 현장 모니터링, - AI 기반 공정 관리 시스템, - 로봇 기반 건설 자동화
7. AI 부동산 투자 솔루션(AI Real Estate Investment Solutions)	데이터 기반 투자 의사 결정 지원 및 수익률 극대화	- 부동산 투자 플랫폼, - 투자 관리 도구	- 부동산 시장 데이터 분석 및 예측, - 투자 유망 물건 추천, - 포트폴리오 자동 관리 및 최적화	- AI 기반 부동산 투자 분석 플랫폼, - 로보 어드바이저 기반 부동산 투자 자문 서비스
8. 대화형 AI 도구(Conversational AI Tools)	고객 응대 자동화 및 정보 접근성 향상	- 챗봇 및 텍스트/음성 기반 인터페이스 기술	- 부동산 관련 문의 응대 및 정보 제공, - 매물 추천 및 상담, 예약 관리 등	- AI 챗봇을 통한 24시간 부동산 상담 서비스, - 음성 기반 스마트 홈 제어 인터페이스

3

도시부동산 분야에서 AI의 주요 활용 예시

1. 실사(Due Diligence) 자동화

거래 전 필수적인 실사 과정이 AI를 통해 자동으로 수행된다.

2. 매물 설명 자동 생성

부동산 매물에 대한 설명이 AI에 의해 효율적이고 정확하게 작성된다.

3. 부동산 분석

AI 기반의 분석 도구를 활용하여 부동산 시장 및 자산 가치에 대한 통찰이 제공된다.

4. 사기 및 규제 위반 탐지

AI가 사기 행위와 규정 위반 여부를 실시간으로 감지하고 분석한다.

5. 임대 계약 및 문서화 자동화

계약 문서의 작성, 관리, 서명 과정이 자동화되어 행정 효율성이 증대된다.

6. 부동산 검색 최적화

사용자의 조건에 맞춘 매물 검색이 AI 알고리즘에 의해 정교하게 이루어진다.

7. 부동산 비즈니스를 위한 리드 생성

잠재 고객을 자동으로 식별하고 영업 기회를 창출하는 기능이 제공된다.

8. AI 기반 가상 투어 제공

부동산 현장을 실제 방문하지 않고도 가상으로 둘러볼 수 있는 기능이 지원된다.

9. 지능형 데이터 처리

대규모 데이터를 자동으로 수집·분석하여 전략적 의사결정을 지원한다.

10. 임차인 행동 분석

AI가 임차인의 행동 데이터를 분석하여 선호도 및 리스크를 예측한다.

11. 포트폴리오 최적화

다양한 자산군을 AI가 분석하여 최적의 투자 포트폴리오를 구성한다.

12. AI 기반 고객 지원

챗봇 등을 통해 24시간 실시간 고객 응대가 가능해진다.

13. 부동산 자동 가치 평가

AI가 시장 정보와 속성 데이터를 분석하여 자산 가치를 자동으로 산정한다.

14. AI 기반 자산 관리

부동산의 유지관리, 임대료 청구 등의 관리 업무가 자동화된다.

15. 가상 연출(Virtual Staging)

가상 공간에서 인테리어 및 가구 배치를 구현함으로써 부동산의 시각적 매력을 높인다.

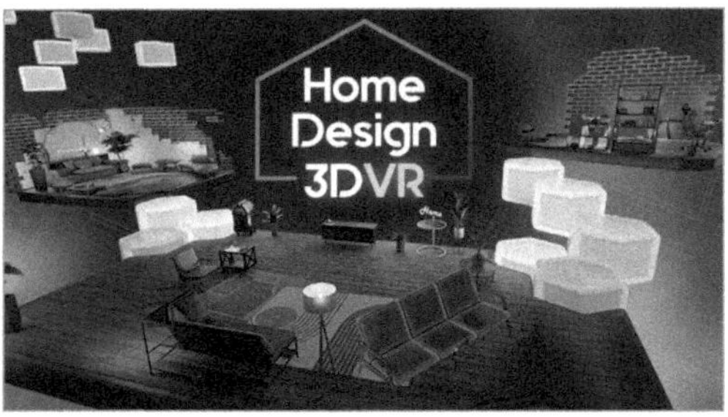

https://store.steampowered.com

16. 예측 분석

미래 시장 동향 및 가격 변화를 AI가 예측하여 전략 수립에 활용된다.

4

도시부동산 분야에서 AI를 활용할 때의 주요 이점

1. 부동산 가치 평가 및 가격 책정의 간소화

인공지능을 통해 부동산의 가치 평가와 가격 책정 과정이 보다 정밀하고 신속하게 수행된다.

2. 시장 예측력 향상 및 투자 전략 고도화

AI는 방대한 데이터를 분석하여 정확한 시장 예측과 효과적인 투자 전략 수립을 가능하게 한다.

3. 맞춤형 고객 경험 제공

고객의 행동과 선호도를 분석하여 개인화된 서비스와 경험을 제공하게 된다.

4. 부동산 검색 및 추천 기능의 개선

사용자의 조건에 맞는 부동산 매물을 효율적으로 검색하고 추천하는 기능이 향상된다.

5. 부동산 자산 관리의 효율성 증대

유지보수, 임대 관리 등의 업무가 자동화되어 운영 효율성이 높아진다.

6. 사기 방지 및 보안 강화

이상 거래 탐지 및 사용자 인증 시스템을 통해 사기 행위를 예방하고 보안을 강화할 수 있다.

7. 효율적인 마케팅 및 고객 타겟팅

AI 분석을 기반으로 타겟 고객을 정확히 파악하여 마케팅 전략을 최적화할 수 있다.

8. 부동산 거래 및 계약 체결 속도 향상

거래 절차 자동화 및 문서 처리 간소화로 거래 시간이 단축된다.

9. 지속가능한 부동산 개발 가능

에너지 사용, 자원 관리 등 지속가능성과 관련된 요소들을 고려한 개발이 가능해진다.

10. 부동산의 예측 유지보수 가능

센서 데이터 및 AI 분석을 통해 시설 고장을 사전에 감지하고 예방 유지보수가 가능하다.

주제
2

지도 학습(Supervised Learning)을 활용한 도시부동산 가치예측

1

도시부동산 가치 평가에서 지도 학습(Supervised Learning)의 목표, 작동원리 및 기술, 역할, 장단점, 도시부동산 활용예시

구분	내용
목표	'정답'이 있는 과거 데이터(레이블된 데이터)를 학습하여, 새로운 데이터에 대한 미래 결과(예: 부동산 가격)를 정확하게 예측하는 것이다. 이는 마치 모범 답안지를 보며 공부한 학생이 새로운 문제를 척척 풀어내는 것과 같은 원리이다.
작동 원리 및 기술	원리: 부동산의 다양한 '특성(Feature)' 데이터(예: 면적, 층수, 지하철까지의 거리, 학군)와 '정답(Label)'인 실제 거래 가격을 AI 모델에 함께 입력하여 학습시킨다. 모델은 특성과 정답 간의 상관관계와 숨겨진 패턴을 스스로 발견하고, 이를 통해 미래 가치를 예측하는 자신만의 규칙(알고리즘)을 만들어낸다. 주요 기술: • 선형 회귀(Linear Regression): 변수 간의 직선적 관계를 가정하여 가격을 예측하는 가장 기본적인 모델이다. • 결정 트리(Decision Tree): '예/아니오' 질문을 반복하며 데이터를 분류하고 예측하는 나무 형태로, 결과를 해석하기 용이하다. • 랜덤 포레스트, 그래디언트 부스팅: 수백 개의 결정 트리를 결합하여 예측 정확도를 극대화한 앙상블(Ensemble) 기법으로, 현재 가장 널리 쓰이는 강력한 기술이다. • 신경망(Neural Networks): 인간의 뇌 구조를 모방하여, 인간이 찾아내기 힘든 복잡하고 비선형적인 패턴까지 학습할 수 있는 최첨단 모델이다.

역할	방대한 데이터를 기반으로 일관성 있고 객관적인 가치 예측을 수행하는 '디지털 감정평가사' 또는 '초고속 가치 분석 엔진'의 역할을 한다. 인간 평가사의 경험과 직관을 데이터 기반의 과학적 분석으로 보완하고, 그 분석의 범위를 도시 전체로 확장 시킨다.
장단점	장점: • 높은 예측 정확도: 양질의 데이터가 충분할 경우, 인간의 편견을 배제한 매우 정밀한 예측이 가능합니다. • 자동화 및 효율성: 수만 건의 부동산 가치 평가를 순식간에 처리하여 시간과 비용을 획기적으로 절감합니다. • 미세 패턴 발견: 인간이 인지하기 어려운 시장의 미세한 트렌드나 변수 간의 복잡한 상호작용을 발견하여 새로운 인사이트를 제공합니다. 단점: • 데이터 의존성: '쓰레기가 들어가면 쓰레기가 나온다(Garbage In, Garbage Out)'는 원칙이 철저히 적용됩니다. 데이터의 양과 질이 모델의 성능을 결정합니다. • '블랙박스(Black Box)' 문제: 신경망과 같은 복잡한 모델은 '왜' 그런 예측을 했는지 그 과정을 설명하기 어려울 수 있습니다. • 과거 데이터의 한계: 과거에 없었던 새로운 시장 충격(예: 전염병 대유행, 급격한 금리 인상)에 대한 예측은 부정확할 수 있다. • 레이블링 비용: 정확한 '정답' 데이터를 구축하고 정제하는 데 많은 시간과 비용이 소요된다.
도시 부동산 활용 예시	• 자동 가치평가 모델(AVM): 특정 아파트의 면적, 층, 향, 학군, 교통 접근성 등 수십 가지 변수를 학습하여 현재 시점의 적정 매매가를 1초 만에 산출한다.(예: 은행의 담보대출 심사, 부동산 플랫폼의 시세 정보) • 지역별 가격 상승률 예측: 특정 지역의 인구 변화, 소득 수준, 개발 계획, 상권 변화 데이터를 학습하여 6개월 후 가격 상승률을 예측하고 투자 유망 지역을 추천한다. • 저평가 부동산 발굴: AI가 예측한 '내재가치'와 현재 '시장가격'을 비교하여, 저평가된 아파트, 상가, 토지를 자동으로 탐색해 투자 기회를 제공한다. • 개발 사업 타당성 분석: 신규 오피스 빌딩 개발 시, 주변 시세, 잠재 수요, 경제 지표 등을 종합하여 미래 예상 분양가를 예측하고 사업 수익성을 사전에 정밀 검토한다.

2

"주택 가격 예측 방법 및 예측과정"과 가상사례: AI의 눈으로 미래 가치를 꿰뚫다 - 주택 가격 예측 방법 및 과정

인공지능, 특히 지도 학습 모델은 어떻게 특정 아파트의 1년 후 가격을 예측하고, 숨겨진 투자 가치를 찾아내는 것일까? 그 비밀은 데이터를 '특성(Feature)'으로 분해하고, 그 특성과 '정답(Label)'인 가격 사이의 복잡한 관계를 학습하는 데 있다. 이 과정은 크게 데이터 수집 및 가공, 모델 학습, 그리고 예측 및 검증의 세 단계로 이루어진다.

2.1. 주택 가격 예측 방법 및 과정

1단계: 데이터 수집 및 특성 공학(Data Collection & Feature Engineering)

예측의 첫 단추는 '어떤 데이터로 집의 가치를 설명할 것인가?'라는 질문에서 시작된다. 단순히 면적이나 층수 같은 기본 정보만으로는 부족하다. AI는 우리가 미처 생각지 못한 변수까지 학습할 수 있기 때문이다. 아파트의 물리적 특성(전용면적, 층, 향, 건축 연도), 입지적 특성(지하철역까지의 도보 시간, 주요 업무지구까지의 거리, 학군 점수, 대형마트 유무), 그리고 거시 경제지표(금리, 주택담보대출 비율, 인근 지역 개발 계획) 등 수십, 수백 개의 변수를 수집한다.

"특성 공학(Feature Engineering)"은 이렇게 수집된 원시 데이터를 AI 모델이 더 잘 이해할 수 있는 '특성'으로 가공하는 과정이다. 예를 들어, '지하철역까지의 거리'를 단순히 미터(m) 단위로 입력하기보다 '도보 5분 이내',

'5~10분', '10분 초과'와 같이 범주화 하거나, '한강 조망 가능 여부'를 '0(불가능)'과 '1(가능)'로 변환하는 작업이 여기에 해당한다. 이는 모델의 예측력을 극대화하는 핵심적인 예술의 영역이다.

2단계: 모델 학습 및 검증(Model Training & Validation)

데이터가 준비되면, AI 모델(예: 랜덤 포레스트, 그래디언트 부스팅)은 수만 건의 과거 거래 데이터를 학습한다. 이 과정에서 모델은 각 특성이 주택 가격에 얼마나, 그리고 어떻게 영향을 미치는지에 대한 복잡한 패턴과 규칙을 스스로 찾아낸다. 예를 들어, '같은 면적이라도 강남구에 위치하면 가격이 2.3배 높아지고, 지하철역에서 1분 가까워질 때마다 500만원씩 상승하며, 특정 초등학교 학군일 경우 추가로 1억원의 프리미엄이 붙는다'와 같은 복잡한 공식을 스스로 구축하는 것이다.

학습이 끝나면 모델의 성능을 "검증(Validation)"해야 한다. 전체 데이터를 학습용(Training set)과 검증용(Test set)으로 나눈 뒤, 학습에 사용하지 않은 검증용 데이터로 예측을 수행하여 실제 가격과 얼마나 차이가 나는지(오차율)를 평가한다. 이 과정을 통해 모델이 과도하게 학습 데이터에만 최적화되는 '과적합(Overfitting)'을 방지하고, 새로운 데이터에 대한 일반적인 예측 성능을 확보한다.

3단계: 미래 가격 예측 및 해석(Prediction & Interpretation)

검증된 모델은 이제 미래를 예측할 준비를 마쳤다. 가치를 알고 싶은 주택의 특성 데이터를 모델에 입력하면, 모델은 학습된 규칙에 따라 미래의 특정 시점(예: 1년 후)의 예측 가격을 산출한다. 여기서 더 나아가, '왜' 그런 가격이 예측되었는지 각 특성의 "중요도(Feature Importance)"를 분석할 수 있다. 예를 들어, AI가 'A아파트의 예상가격을 15억으로 예측한 가장 큰 이유는 우수한 학군(40%)과 GTX 개통 호재(30%) 때문이다'라고 설명해주는 식이다. 이는 투자자에게 단순한 가격 정보 이상의 깊이 있는 통찰력을 제공한다.

2.2. AI 예측 가상 사례

은마아파트, 서울시 재건축 심의 통과, https://www.joongang.co.kr

■ 가상 사례 1: 재건축 잠재력을 꿰뚫어 본 AI 애널리스트

(1) 대상: 서울 강남구 대치동 '은마 아파트'(가상 설정) 76㎡

(2) 현재 시세: 19억 원

(3) AI 모델: 그래디언트 부스팅 회귀 모델

(4) 주요 학습 데이터:

- 긍정 요인: 대한민국 최고 수준의 학군 점수(100점), 2호선/3호선 더블 역세권, GTX-C 노선 개통 예정(중요도 35%)
- 부정 요인: 40년 초과된 건축 연도, 낮은 용적률(180%), 높은 재건축초과이익환수제 부담 예상

(5) AI의 예측 과정:

AI는 과거 20년간 서울 시내 주요 재건축 단지들의 사업 추진 전후 가격 데이터를 학습한다.

학습 결과, '낮은 용적률'과 '우수 학군'이 결합될 경우, 재건축 사업 완료 시 시세가 평균 80% 상승하는 강력한 패턴을 발견한다.

현재의 부정적 요인(노후화, 규제)에도 불구하고, GTX 개통과 학군 프리미엄이라는 미래 가치에 더 높은 가중치를 부여한다.

(6) AI의 최종 예측:

"향후 5년 내 재건축 사업이 가시화될 경우, '은마 아파트' 76㎡의 내재가치는 25억 원에 달한다. 현재 시세 19억 원은 재건축 잠재력이 약 30% 저평가된 상태이다."

이 예측은 단순한 시세 정보가 아니다. AI가 수많은 과거 사례를 통해 학습한 '성공 공식'에 현재 상황을 대입하여 도출한, 데이터 기반의 강력한 투자 근거가 된다.

■ 가상 사례 2: 신도시의 숨은 옥석을 발견하다

동탄신도시 '레이크자이', http://www.conslove.co.kr

(1) 대상: 경기도 화성시 동탄신도시 '레이크자이'(가상 설정) 84㎡

(2) 현재 시세: 10억 원

(3) AI 모델: 시계열 분석이 결합된 신경망 모델

(4) 주요 학습 데이터:

- 긍정 요인: 동탄역 SRT/GTX-A 역세권, 삼성전자/SK하이닉스 등 대기업 클러스터 인접성(직주근접성 점수 95점), 높은 녹지 비율(30%)
- 고려 요인: 대규모 입주 물량으로 인한 단기적 가격 조정 가능성, 서울 중심부까지의 물리적 거리

(5) AI의 예측 과정:

AI는 판교, 광교 등 과거 성공적인 신도시들의 10년간 인구 유입, 소득 수준 변화, 교통망 확충에 따른 집값 변화 데이터를 학습한다. 학습 결과, '대기업 기반의 젊은 고소득층 인구 유입'이 '초기 입주 물량 부담'을 1~2년 내에 해소하고 오히려 가격 상승을 견인하는 핵심 동력임을 발견한다.

특히, GTX-A 개통이 '물리적 거리'라는 단점을 상쇄하고 '시간적 거리'를 획기적으로 단축시켜 서울 접근성을 재평가하게 만들 것이라 분석한다.

(6) AI의 최종 예측:

"단기적 조정 가능성에도 불구하고, 3년 후 GTX-A 완전 개통 시점의 '레이크자이' 84㎡의 적정 가치는 14억 원으로 예측된다. 이는 수도권 핵심 업무지구로의 접근성 혁신에 기반한 가치 재평가 결과이다."

이처럼 AI는 인간의 편견이나 단기적 시장 분위기에 휩쓸리지 않고, 데이터에 기반하여 도시의 장기적 성장 잠재력을 냉철하게 분석하고 미래 가치를 예측하는 강력한 도구가 된다.

3

"거래사례 기반 모델링: 입력-출력 짝의 규칙을 학습하다"와 가상사례: AI, 과거에서 미래를 배우다

3.1."거래사례 기반 모델링(Transaction-Case Based Modeling)"은 수많은 부동산 거래 기록 속에서 미래의 가치를 예측하는 날카로운 통찰력을 지지고 있다.

인공지능은 어떻게 수많은 부동산 거래 기록 속에서 미래의 가치를 예측하는 날카로운 통찰력을 얻게 되는가? 그 핵심에는 "거래사례 기반 모델링(Transaction-Case Based Modeling)"이 있다. 이는 마치 수만 개의 '문제(주택의 특성)'와 '정답(실제 거래 가격)'이 짝을 이룬 거대한 문제집을 AI가 학습하여, 그 안에 숨겨진 복잡한 '풀이 공식(가격 결정 규칙)'을 스스로 터득하는 과정과 같다.

이 접근법의 본질은 "입력-출력 짝(Input-Output Pair)"의 규칙을 학습하는 데 있다. 주택의 물리적, 입지적 특성이라는 "'입력(Input)'"이 주어졌을 때, 왜 특정 '출력(Output)', 즉 특정 가격으로 귀결되었는지를 데이터로부터 배우는 것이다. 이 과정을 통해 AI는 인간의 직관을 넘어선, 데이터에 기반한 객관적인 가치 평가의 새로운 지평을 연다.

3.2. 거래사례 기반 모델링의 핵심 과정

1단계: 데이터 쌍 구축(Building Data Pairs)

모델링의 시작은 신뢰할 수 있는 '입력-출력' 데이터 쌍을 대량으로 구축하는 것이다. 입력 데이터는 해당 부동산의 모든 것을 설명하는 정보다. 전용면적, 층수, 건축 연도와 같은 '물리적 특성'부터 지하철역까지의 거리, 학군, 편의시설 접근성, 조망권 같은 '입지적 특성', 나아가 특정 개발 계획이나 지역의 소득 수준 같은 '환경적 특성'까지 수십, 수백 개의 변수가 포함된다. 출력 데이터는 이 입력값에 명확하게 대응하는 '실제 거래 가격'이다. 이 수만, 수십만 개의(입력: 주택 특성) -(출력: 실제 거래가) 쌍이 바로 AI의 학습 재료가 된다.

2단계: 규칙 탐색 및 모델링(Rule Discovery & Modeling)

데이터 쌍이 준비되면, AI 모델(예: 랜덤 포레스트, 신경망)은 이 거대한 데이터셋을 분석하여 입력과 출력 사이의 숨겨진 수학적 관계, 즉 "규칙(Rule)"을 탐색한다. 예를 들어, '지하철역에서 거리가 100m 멀어질 때마다 가격은 1,000만 원씩 감소'하는 선형적 관계뿐만 아니라, '특정 초등학교 학군이면서 한강 조망이 가능할 경우, 두 특성이 개별적으로 기여하는 가치의 합보다 1.5배 높은 시너지 효과가 발생'하는 복잡한 비선형적 관계까지 발견해낸다. 이 과정에서 AI는 인간이 미처 인지하지 못하는 시장의 미세한 패턴까지 포착하여 정교한 자신만의 가격 예측 모델을 완성한다.

3단계: 일반화 및 가치 예측(Generalization & Value Prediction)

학습을 통해 발견된 규칙은 이제 '일반화(Generalization)' 단계를 거친다. 이는 학습에 사용되지 않은 새로운 부동산의 입력 데이터에 대해서도 정확한 출력(예측 가격)을 내놓을 수 있도록 모델을 다듬는 과정이다. 검증이 완료된 모델은 가치를 알고 싶은 부동산의 특성(입력)을 넣으면, 학습된 규칙에 따라 가장 확률 높은 가격(출력)을 즉시 산출해낸다. 이는 과거의 수많은 거래사례가 응축된, 데이터 기반의 합리적 추론 결과이다.

3.3. AI 예측 가상 사례

■ AI의 학습 과정 가상 사례 1:
도심 역세권 오피스텔의 가치 방정식을 풀다

광화문오피스텔, 경복궁역 경희궁의 아침, https://m.blog.naver.com

(1) **문제**(Input): 서울 광화문 인근 '파이낸스 빌' 오피스텔(가상)

- 전용면적: 28㎡, 층: 18층/25층, 건축연도: 3년
- 핵심 입력: 지하철 5호선 광화문역까지 도보 2분(180m), 주요 업무지구 밀집도(CBD) 최상위권

(2) **AI의 학습 과정**(Rule Discovery):

AI는 서울 4대문 안 오피스텔 거래사례 8,000건의(입력-출력) 쌍을 학습한다.

학습 결과, 오피스텔 가치는 아파트와 달리 '학군'이나 '대단지' 특성의 영향력은 미미한 반면, '핵심 업무지구까지의 도보 가능성'과 '지하철역과의 거리'라는 두 가지 입력 변수가 전체 가격의 60% 이상을 설명하는 강력한 규칙을 발견한다.

특히 '지하철역과의 거리'가 500m를 넘어서는 순간부터 가격이 급격히 하락하는 비선형적 '패널티' 규칙을 찾아낸다.

(3) AI의 예측(Output):

"8,000개의 거래사례 규칙에 기반하여, 해당 오피스텔의 예측 가치는 5억 2,000만 원으로 산출된다. 이 가치는 '시간이 곧 돈'인 1인 가구 및 직장인 수요층의 선호도가 입력-출력 관계에 강력하게 반영된 결과이다. 만약 지하철역 거리가 500m 밖이었다면, 다른 조건이 동일해도 예측 가치는 약 8,000만 원 하락했을 것이다."

■ AI의 학습 과정 가상 사례 2:
비정형 데이터로 '숲세권'의 가치를 정량화 하다

분당 고급빌라 | 퓨처힐: 네이버 블로그

(1) 문제(Input): 경기도 성남시 분당구 '그린 파크 빌리지' 빌라(가상)

- 전용면적: 120㎡, 건축연도: 10년
- 핵심 입력: 위성사진 분석을 통한 '창문 앞 녹지 면적 비율' 75%, SNS 데이터 분석을 통한 '지역 쾌적성 관련 긍정 언급' 빈도 상위 5%

(2) AI의 학습 과정(Rule Discovery):

AI는 수도권 빌라 및 타운하우스 거래사례 1만 2,000건을 학습한다. 이때, 수치 데이터뿐만 아니라 위성사진, 소셜미디어 텍스트 같은 비정형 데이터(Unstructured Data)를 함께 입력하여 학습한다. 학습 결과, 단순히 '공원 인접'이라는 이진법적 사실보다, 위성사진으로 분석한 '실제 조망되는 녹지의 면적'과 SNS에서 언급되는 '산책로 만족도' 같은 정성적 데이터가 가격에 유의미한 프리미엄을 부여하는 규칙을 발견한다.

AI는 '녹지 조망 면적'이 10% 증가할 때마다 가격이 1.2%씩 상승하는 구체적인 상관관계를 정량적으로 모델링한다.

(3) AI의 예측(Output):

"정형 및 비정형 데이터를 종합 학습한 결과, 해당 빌라의 예측 가치는 11억 5,000만 원이다. 이 중 약 1억 원은 기존의 방식으로 측정하기 어려웠던 '실질적 녹지 조망권'과 '높은 거주 쾌적성'이라는 입력 데이터의 가치가 정량적으로 반영된 것이다. 이는 숨겨진 삶의 질이 가격으로 전환되는 과정을 보여준다."

이처럼 거래사례 기반 모델링은 과거의 데이터를 미래를 비추는 거울로 삼아, 부동산 가치 평가를 객관적이고 과학적인 예측의 영역으로 이끌고 있다.

4

"시간을 반영한 가치의 진화: 시계열 데이터와 예측모델"과 가상사례

4.1."시계열 데이터(Time-Series Data)"를 학습하는 예측 모델은 역동적인 '시간'의 흐름을 읽고 미래의 특정 시점의 가치를 예측할 수 있다.

부동산의 가치는 결코 한순간에 고정되어 있지 않다. 그것은 시간의 흐름 속에서 도시의 성장, 정책의 변화, 경제의 순환과 함께 끊임없이 진화하는 생명체와 같다. 그렇다면 인공지능은 어떻게 이 역동적인 '시간'의 흐름을 읽고 미래의 특정 시점의 가치를 예측할 수 있을까? 그 해답은 바로 "시계열 데이터(Time-Series Data)"를 학습하는 예측 모델에 있다.

이는 과거의 거래사례라는 '점(Point)'들의 집합을 넘어, 시간에 따라 변화하는 가치의 '선(Line)'과 '흐름(Flow)'을 학습하는 것이다. AI는 과거부터 현재까지 이어진 가격, 금리, 인구 이동 등의 데이터가 그리는 거대한 파동 속에서 미래를 향한 패턴을 발견하고, 이를 통해 다음 파동의 정점을 예측한다. 이 접근법은 부동산 가치 평가를 정적인 분석에서 동적인 예측의 영역으로 끌어올리는 혁신적인 전환을 의미한다.

4.2. 시간을 반영한 예측 모델의 핵심 과정

1단계: 시계열 데이터 구축(Building Time-Series Data)

모델링의 첫걸음은 시간에 따라 기록된 데이터를 일정한 간격(월별, 분기별 등)으로 정렬하여 구축하는 것이다. 특정 아파트 단지의 과거 10년간의 월별 평균 거래 가격 데이터가 가장 기본이다. 여기에 같은 기간 동안의 한국은행 기준금리, 지역별 인구 순유입 데이터, 신규 주택 공급 물량, 전세가율 등 가치에 영향을 미치는 수많은 거시 및 미시 변수들을 시간 축에 맞춰서 한 줄로 세운다. 이렇게 구축된(시간 t, 가격 t, 금리 t, 인구 t, ...)의 연속적인 데이터셋이 바로 AI가 시간의 비밀을 풀기 위한 교과서가 된다.

2단계: 시간의 패턴 학습(Learning Temporal Patterns)

데이터가 준비되면, AI 모델(예: ARIMA, LSTM, Transformer 등)은 이 시계열 데이터에 내재된 복잡한 패턴을 학습한다. 이 과정에서 모델은 크게 세 가지 시간적 특성을 포착한다.

(1) **추세**(Trend): 장기적으로 가격이 우 상향하거나 우 하향하는 큰 흐름.

(2) **계절성**(Seasonality): 봄 이사철에 가격이 오르고 여름 휴가철에 주춤하는 것과 같이 매년 특정 시기에 반복되는 패턴.

(3) **주기**(Cycle): 경기 순환과 맞물려 수년에 걸쳐 나타나는 상승과 하강의 반복적인 흐름.

AI는 이러한 패턴들이 서로 어떻게 얽혀 가격을 형성하는지에 대한 고차원적인 규칙을 발견한다. 예를 들어, '금리 인상기라는 하강 주기 속에서도, 신규 지하철 노선 개통이라는 강력한 상승 추세가 발생하면 가격 하락을 방어하고 오히려 소폭 상승한다'와 같은 복잡한 시나리오를 데이터로부터 학습하는 것이다.

3단계: 미래 시점 예측(Future Point Prediction)

과거의 모든 시간적 패턴 학습을 마친 모델은, 이제 미래를 향해 나아갈 준비를 마쳤다. 모델에 '향후 2년(24개월) 후'라는 목표 시점을 제시하면, 모델은 학습된 추세, 계절성, 주기의 규칙을 바탕으로 가장 확률 높은 미래의 가격 경로를 시뮬레이션 하여 예측치를 제시한다. 이는 마치 과거의 모든 항해 기록을 분석한 항해사가 다가올 파도의 높이와 방향을 예측하는 것과 같다.

4.3. AI 예측 가상 사례

■ LSTM(장단기 메모리) 시계열 모델 가상 사례 1:
GTX 개통, 3년 후의 가치를 현재로 가져오다

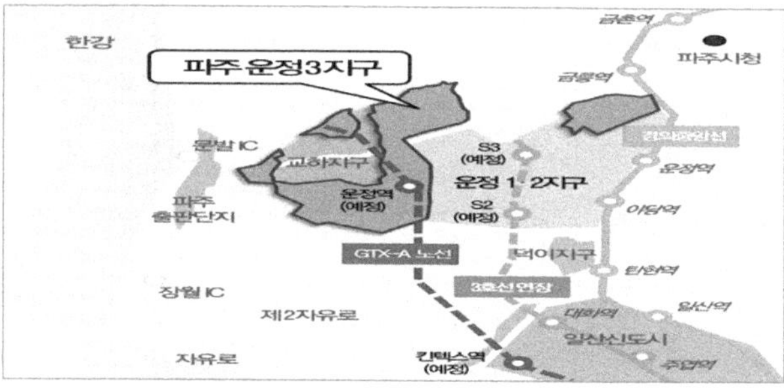

[GTX A노선 통과] 파주 운정3지구, https://biz.newdaily.co.kr

(1) 대상: 경기도 파주시 운정신도시 '미래 아파트'(가상) 84㎡

(2) 현재 시세: 7억 원(GTX-A 노선 착공 시점)

(3) AI 모델: LSTM(장단기 메모리) 시계열 모델

(4) 핵심 학습 데이터:

- 과거 15년간 분당, 일산, 동탄 등 1, 2기 신도시의 지하철/광역철도 개통 전후 5년간의 월별 아파트 가격 데이터
- 해당 기간의 인구 유입 속도, 서울 중심업무지구(CBD)까지의 통근 시간 단축률 데이터

(5) AI의 예측 과정:

AI는 과거 신도시 들에서 '광역철도 착공'이라는 이벤트가 발생한 후, 개통 시점까지 평균적으로 연 12%의 가격 상승률(추세)이 나타났으며, 특히 개통 1년 전부터 상승세가 가팔라지는 패턴(주기)을 학습한다.

이 학습된 패턴을 '미래 아파트'에 적용한다. 현재 착공 단계이므로, 향후 3년 후 개통 시점까지 과거의 성공 공식이 재현될 확률이 높다고 판단한다.

(6) AI의 최종 예측:

"과거 신도시들의 시계열 패턴에 기반하여, '미래 아파트' 84㎡의 3년 후(GTX-A 개통 시점) 예측 가치는 10억 5,000만 원이다. 현재 가치 7억 원은 미래의 교통 혁신이라는 강력한 상승 추세가 아직 완전히 반영되지 않은 상태이며, 시간의 흐름에 따라 내재가치에 수렴해 갈 것이다."

■ ARIMA(자기회귀이동평균) 모델 가상 사례 2:
금리 인상기의 가격 방어력을 예측하다

(1) 대상: 서울 마포구 '리버뷰 자이'(가상) 84㎡

(2) 현재 상황: 기준금리가 1.5%에서 3.5%로 급등한 시점

(3) AI 모델: ARIMA(자기회귀이동평균) 모델

(4) 핵심 학습 데이터:

- 해당 아파트의 과거 20년간 월별 가격 데이터
- 2008년 금융위기, 2011년 유럽 재정위기 등 과거 금리 급등기 및 경기 침체기의 월별 가격 변동 데이터

(5) AI의 예측 과정:

AI는 과거 여러 차례의 금리 인상기 데이터를 학습한 결과, 대부분의 아파트 가격이 하락하는 주기 속에서도, '마포구'와 같은 도심 직주근접 지역의 '신축 대단지'는 하락 폭이 상대적으로 작고(-5% 이내), 회복 속도가 1.5배 빠른 패턴을 발견한다.

이 규칙을 현재의 금리 인상 상황에 대입하여, '리버뷰 자이'의 가

격 변동성을 시뮬레이션 한다.

(6) AI의 최종 예측:

"과거 위기들의 시계열 데이터에 따르면, 현재의 금리 인상 주기는 향후 6개월간 지속되며 시장 전체에 하방 압력으로 작용할 것이다. 그러나 '리버뷰 자이'는 강력한 수요 기반으로 인해 최대 –4% 내외의 제한적인 조정을 보인 후, 금리 안정 시 가장 먼저 반등을 시작할 것으로 예측된다. 이는 시간의 파도 속에서 검증된 자산의 '가격 방어력'이다."

이처럼 시계열 모델링은 부동산을 시간의 축 위에서 분석함으로써, 단순한 가격 예측을 넘어 미래의 리스크와 기회를 동시에 조망하는 한 차원 높은 통찰력을 제공한다.

5

"학습된 모델의 일반화 성능: 과적합을 피하는 부동산 AI 전략"과 가상사례

5.1. AI의 능력은 미래를 얼마나 잘 예측하는가에 달려있다. 이것이 바로 "일반화 성능"이며, 이를 확보하기 위한 최대의 적은 "과적합(Overfitting)"이다.

AI모델이 과거의 수만 건 거래 데이터를 학습하여 99%의 정확도로 가격을 맞춘다면, 그것은 과연 성공적인 모델일까? 만약 그 모델이 한 번도 본 적 없는 새로운 아파트의 미래 가치를 예측할 때 터무니없는 오류를 보인다면, 그것은 숫자의 함정에 빠진 실패한 모델에 불과하다. 이처럼 AI의 진정한 능력은 과거를 얼마나 잘 설명하느냐가 아니라, 마주한 적

없는 미래를 얼마나 잘 예측하는가에 달려있다. 이것이 바로 "일반화 성능(Generalization Performance)"이며, 이를 확보하기 위한 최대의 적은 "과적합(Overfitting)"이다.

과적합이란, AI 모델이 학습 데이터에 너무 '과도하게 적합'되어, 데이터에 담긴 보편적인 패턴을 넘어 아주 사소한 잡음(noise)이나 특정 데이터에만 존재하는 특이점까지 전부 외워버리는 현상을 말한다. 이는 마치 시험 범위의 연습문제만 달달 외워 만점을 받은 학생이, 막상 실전 시험에서 처음 보는 응용문제를 전혀 풀지 못하는 것과 같다. 부동산 AI에서 과적합은 치명적이며, 이를 피하고 일반화 성능을 높이는 전략은 모델의 신뢰도를 결정하는 핵심적인 과정이다.

5.2. 과적합을 피하는 AI의 전략

1단계: 데이터 분할과 교차 검증(Data Split & Cross-Validation)

과적합을 방지하는 가장 기본적인 전략은 데이터를 나누는 것이다. 전체 데이터를 학습용(Training Set)/검증용(Validation Set)/평가용(Test Set) 세 가지로 분할한다. AI는 '학습용' 데이터로 규칙을 배우고, '검증용' 데이터로 학습이 올바른 방향으로 가고 있는지 중간 점검을 하며 모델을 미세 조정한다. 이 과정을 통해 모델이 학습용 데이터에만 매몰되는 것을 막는다. 마지막으로, 학습과 검증 과정에 전혀 사용되지 않은, 마치 실전 시험지와 같은 '평가용' 데이터를 통해 모델의 최종적인 일반화 성능, 즉 실전 능력을 냉정하게 평가한다. "K-폴드 교차 검증(K-fold Cross-Validation)"은 여기서 한 걸음 더 나아가, 데이터를 여러 조각(K개)으로 나누어 각 조각이 한 번씩 평가용 데이터가 되도록 순환하며 검증하는 방식으로, 더 안정적이고 신뢰도 높은 일반화 성능을 측정하는 방법이다.

2단계: 모델 복잡도 제어 - 정규화(Controlling Complexity - Regularization)

정규화는 모델이 불필요하게 복잡해지는 것을 막는 '페널티' 기법이다. 모델이 학습 과정에서 특정 변수(feature)에 너무 과도한 가중치를 부여하며 복잡한 규칙을 만들려고 할 때, 정규화는 "그렇게 복잡해지면 벌점을 주겠다"고 경고하며 모델을 더 단순하고 일반적인 방향으로 이끈다. 이는 마치 학생이 너무 지엽적인 내용에 집착할 때, 선생님이 "가장 중요한 핵심 원리부터 이해해야 한다"고 지도하는 것과 같다. 이 과정을 통해 모델은 사소한 잡음은 무시하고, 데이터 전체를 관통하는 핵심적인 패턴에 집중하게 된다.

5.3. AI 예측 가상 사례

■ 가상 사례 1: 신도시의 '붐'만 학습한 과적합 모델의 함정

신도시 새 패러다임…동탄으로 향하는 시선, https://www.kyeonggi.com

(1) 시나리오: 특정 신도시(예: 동탄)가 막 개발되어 테크 기업들이 입주하며 부동산 시장이 폭발적으로 성장하던 초기 3년간의 데이터만을 학습한 AI 모델 '알파'가 개발된다.

(2) 과적합 과정:

- 모델 '알파'는 학습 데이터 내에서 '대기업 인접 신축 아파트는 무조건 연 20% 상승'이라는 극단적인 규칙을 학습한다. 이 규칙은 주어진 학습 데이터 안에서는 100%에 가까운 설명력을 보인다.
- 모델은 이 규칙이 '초기 신도시의 유동성 붐'이라는 특수한 상황에서만 작동하는 '잡음'이라는 것을 인지하지 못하고, 이를 시장의 보편적인 진리인 것처럼 받아들인다.

(3) 잘못된 예측과 결과:

"모델 '알파'는 시장이 안정기에 접어든 5년차 동탄 아파트에 대해 여전히 '연 20% 상승'이라는 비현실적인 예측을 내놓는다. 더 나아가, 이 모델을 기반으로 이미 성숙한 도시인 서울의 강북 지역 아파트를 분석하자, '대기업이 없으므로 가치 없음'이라는 터무니없는 결론을 도출한다. 이는 학습 데이터의 특수성을 일반적인 법칙으로 착각한 과적합의 전형적인 실패 사례이다."

■ 가상 사례 2: 규제와 호재를 모두 학습한 일반화 모델의 통찰

(1) 시나리오: 과거 20년간 서울 전역의 아파트 데이터를 학습한 일반화 모델 '베타'가, 재개발 이슈가 있는 강북의 한 노후 아파트의 미래 가치를 예측한다.

(2) 일반화 전략:

- 모델 '베타'의 학습 데이터에는 부동산 상승기, 하락기, 금리 인상기, 정부의 각종 규제(LTV, DSR 강화) 및 완화 정책 시기의 데이터가 모두 포함되어 있다.
- K-폴드 교차 검증을 통해 어떤 시장 상황에서도 안정적인 성능을 내는지 검증받았으며, 정규화 기법을 적용하여 '재개발 호재'라는

특정 변수에 모델이 과도하게 의존하는 것을 방지했다.

(3) 균형 잡힌 예측과 근거:

"모델 '베타'는 해당 아파트의 향후 3년간 완만한 연 5%의 상승을 예측한다. 그 근거로, '재개발 사업 추진 가능성(긍정 요인)'과 '저평가된 현재 가치(긍정 요인)'도 있지만, 과거 데이터로부터 학습한 '높은 수준의 현재 금리(부정 요인)'와 '재건축초과이익환수제라는 규제 리스크(부정 요인)'가 상승 폭을 제한하는 강력한 저항선으로 작용할 것이라고 함께 제시한다. 이는 호재와 악재의 복합적인 작용을 모두 이해한, 신뢰도 높은 일반화 모델만이 제공할 수 있는 깊이 있는 통찰이다."

결론적으로, 부동산 AI의 신뢰성은 수많은 데이터를 학습했다는 사실 자체에서 나오는 것이 아니다. 그 학습 과정에서 과적합의 유혹을 이겨내고, 어떤 새로운 데이터와 시장 상황을 만나더라도 흔들리지 않는 '일반화 성능'을 확보했을 때 비로소 완성된다

6

"실거래가 기반 도시 가격지도의 시각화"와 가상사례

6.1."실거래가 기반 도시 가격지도의 시각화: 데이터, 지도로 태어나다

수만 건의 부동산 실 거래 데이터는 그 자체로는 숫자의 나열에 불과하다. 그러나 이 숫자들을 지리공간정보와 결합하여 지도 위에 펼쳐놓는 순간, 데이터는 비로소 살아 숨 쉬는 정보가 된다. 실거래가 기반 도시 가격지도의 시각화는 추상적인 데이터를 인간이 가장 직관적으로 이해할

수 있는 시각 언어인 '지도'로 번역하는 과정이다. 이는 단순히 도시의 어느 곳이 비싼 지를 보여주는 것을 넘어, 가격을 결정하는 공간적 패턴과 보이지 않는 시장의 힘을 드러내어, 도시를 읽는 새로운 눈을 제공한다.

AI 예측 모델이 도시의 미래 가치를 계산하는 '엔진'이라면, 가격지도는 그 결과를 보여주는 '계기판'이자 '내비게이션'이다. 이 지도를 통해 우리는 도시의 가치가 어떻게 분포하고, 어디로 흐르는지를 한눈에 파악하며, 데이터에 기반한 합리적인 의사결정의 첫걸음을 뗄 수 있다.

6.2. 도시 가격지도의 생성 원리

도시 가격지도는 어떻게 만들어지는가? 이는 크게 데이터 격자화, 공간 보간, 그리고 시각화의 세 단계를 거친다.

1단계: 데이터 격자화(Data Gridding)

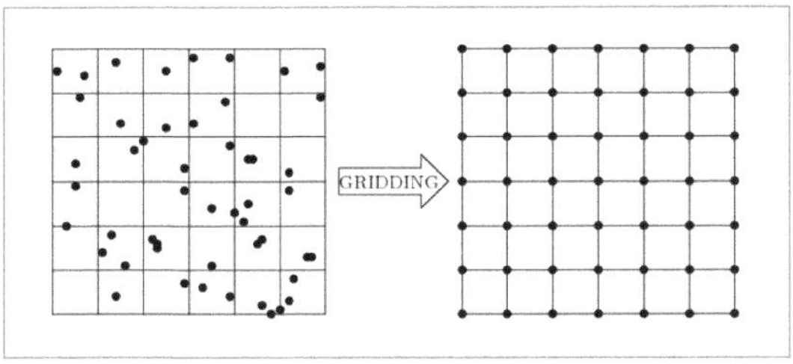

GDAL 그리드 예제 http://opengxt.mangosystem.com

실제 거래는 특정 아파트나 필지라는 '점(Point)'에서만 발생한다. 도시 전체의 가격 분포를 보기 위해서는 이 점들을 연속적인 '면(Surface)'으로 만들어야 한다. 이를 위해 도시 전체를 바둑판처럼 동일한 크기의 격자(Grid)로 나눈다. 그리고 각 격자 안에 포함된 부동산들의 실 거래가나 AI 예측 가격의 평균값을 해당 격자의 대표 값으로 할당한다. 예를 들어,

서울을 100m x 100m 크기의 격자로 나누고 각 격자의 평균 평당 가격을 계산하는 것이다.

2단계: 공간 보간(Spatial Interpolation)

모든 격자에 거래가 존재하는 것은 아니므로, 데이터가 비어 있는 격자의 값을 추정하는 과정이 필요하다. 이것이 공간 보간이다. 대표적인 기법으로 "IDW(역거리 가중법)"나 "크리깅(Kriging)"이 사용된다. IDW는 '가까운 곳의 데이터가 더 큰 영향을 미친다'는 단순한 가정하에 주변 값들의 평균으로 빈 곳을 채우는 방식이다. 반면, 크리깅은 데이터 지점 간의 통계적 상관관계(공간적 자기상관성)까지 고려하여 더 정교하게 값을 추정하는 고급 통계 기법이다. AI 예측 모델을 활용하면, 모든 격자에 대한 예측 값을 직접 생성함으로써 이 보간 과정을 더욱 정밀하게 수행할 수 있다.

3단계: 시각화(Visualization)

모든 격자의 가격 데이터가 준비되면, 이를 색상이나 높낮이로 표현하여 지도를 만든다. 가격이 높은 지역은 붉은색, 낮은 지역은 푸른색으로 표현하는 "열 지도(Heat Map)"나, 등고선처럼 동일한 가격대를 선으로 연

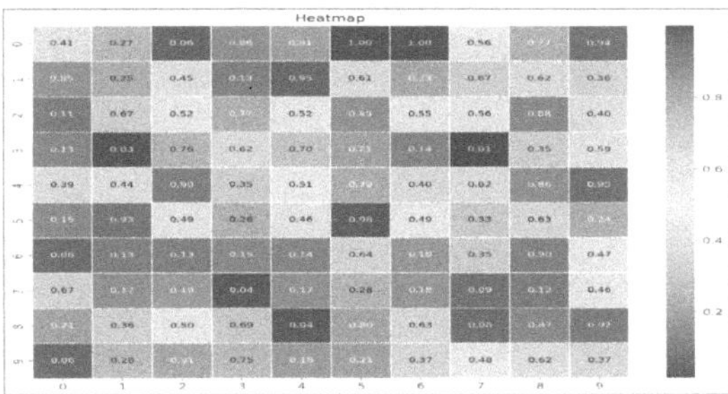

히트맵 분석, 데이터 상관관계와 밀도 https://m.blog.naver.com

결하는 "등치선도(Contour Map)"가 대표적이다. 이를 통해 사용자는 복잡한 수치 데이터를 즉각적으로 인지하고 공간적 맥락에서 이해하게 된다.

6.3. AI 예측 가상 사례

■ AI의 분석 및 시각화 과정 가상 사례 1:
열 지도로 드러난 'GTX 역세권'의 실제 영향 범위

[그래픽] 수도권 광역급행철도(GTX) 노선 | 연합뉴스

(1) **시나리오:** 정부가 수도권 광역급행철도(GTX) 신규 노선의 역사를 확정 발표했다. 투자자는 GTX 역세권의 수혜가 실제로 어디까지 미치는지 눈으로 확인하고자 한다.

(2) **AI의 분석 및 시각화 과정:**

- AI는 신규 역사 예정지 반경 3km 내 모든 아파트의 특성(면적, 연식, 브랜드 등) 데이터를 수집한다.
- 과거 유사한 철도 개통 사례를 학습한 AI 모델을 이용해, GTX 개통 호재가 반영된 모든 아파트의 '미래 예측 가격'을 산출한다.
- 이 예측 가격 데이터를 100m x 100m 격자 단위로 평균화하고, 이를 열 지도로 시각 화한다.

(3) 열 지도가 보여주는 통찰:

지도는 단순히 역을 중심으로 한 동심원 형태로 가격이 퍼져 나가지 않음을 명확히 보여준다. 강렬한 붉은색(최고가 지역)은 역 출입구에서 도보 5분 거리(약 400m)에 집중되며, 대로를 따라 1km 지점까지는 주황색으로 길게 확산되지만, 철도로 단절된 반대편 지역은 불과 300m 거리임에도 불구하고 녹색(낮은 가격 상승)으로 나타난다. 이 지도를 통해 투자자는 막연한 '역세권'이 아닌, 실제 도보 접근성과 도로망에 따라 영향력이 어떻게 차별화되는지를 직관적으로 파악하고 정밀한 투자 전략을 수립할 수 있다.

■ AI의 분석 및 시각화 과정 가상 사례 2:
'가격 편차 지도'로 찾아낸 성수동의 숨은 저평가 지역

성수동의 시간이 뒤섞여 있는 골목 https://www.seouland.com

(1) 시나리오: 한 부동산 개발업체가 최근 급부상한 서울 성수동에서 상대적으로 저평가된 투자 유망 부지를 찾고자 한다.

(2) AI의 분석 및 시각화 과정:

- AI는 서울시 전체의 빅데이터를 학습하여, 토지의 특성(용도지역, 도로 접면, 주변 인구밀도 등)에 따른 '표준 예측지가' 모델을 구축한다.

- 이 모델을 이용해 성수동 전역 모든 필지의 '이론적인 적정 가격'을 예측한다.
- 가격 편차 =(실제 공시지가 - AI 예측 적정 가격)/ AI 예측 적정 가격 공식을 적용하여 '가격 편차 지도'를 생성한다.

(3) 가격 편차 지도가 보여주는 통찰:

지도에서 붉은색은 고 평가, 푸른색은 저평가 지역을 의미한다. 대부분의 지역이 붉은색인 가운데, 서울 숲 인근의 특정 이면도로 블록이 짙은 푸른색(-15%)으로 표시된다. 이 지역은 현재 낡은 창고와 공장이 밀집해 있지만, AI 모델은 이 지역의 '기초 체력(펀더멘털)', 즉 용도지역 상향 가능성과 강남 접근성이라는 잠재가치에 비해 현재 가격이 현저히 낮다고 판단한 것이다. 개발업체는 이 지도를 통해 남들이 주목하지 않는 '숨은 옥석'을 데이터에 기반하여 발굴하고, 선제적인 개발 사업을 구상할 수 있다.

이처럼 가격지도의 시각화는 AI의 복잡한 분석 결과를 누구나 이해하고 활용할 수 있는 강력한 전략 도구로 변환시켜, 도시부동산의 가치를 분석하는 패러다임을 바꾸고 있다.

7

"적정 월세 및 임대수익률 산정하다"와 가상사례

7.1. AI, 현금흐름을 예측하다

부동산의 가치는 매매 가격이라는 단일 지표로만 결정되지 않는다. 특히 투자자에게 있어 부동산은 매달 꾸준한 현금흐름을 창출하는 '수익형 자산'으로서의 의미가 더 크다. 그렇다면 인공지능은 특정 부동산이 미래에 얼마의 임대수익을 가져다 줄지, 즉 그 부동산의 '현금흐름 창출 능력'을 어떻게 예측할 수 있을까? 그 해답은 매매가 예측을 넘어, 적정 월세 및 임대수익률을 정밀하게 산정하는 AI 모델에 있다.

이는 단순히 주변 시세를 참고하는 수준을 넘어, 임대료에 영향을 미치는 수십, 수백 개의 변수를 종합적으로 분석하여 최적의 임대 가격을 찾아내고, 이를 통해 투자 수익률을 극대화하는 전략을 제시하는 과정이다. AI는 이제 단순한 가치 평가자를 넘어, 데이터에 기반한 임대 사업 전략가(Rental Strategist)의 역할을 수행하기 시작했다.

7.2. 적정 월세 및 수익률 산정 원리

AI의 임대수익률 예측은 매매가 예측과 유사하지만, '수익'이라는 관점에 더 집중하는 세 단계를 거친다.

1단계: 임대 거래사례 데이터 구축(Building Rental Transaction Data)

모델링의 기초는 방대한 양의 임대차 계약 데이터이다. 특정 부동산의 보증금, 월세와 같은 계약 정보 뿐만 아니라, 해당 부동산의 물리적 특성(면적, 층, 향, 리모델링 여부), 입지적 특성(대학가, 업무지구, 역세권), 그리고 주변의 편의시설(카페, 헬스장, 공원) 정보까지(입력: 주택 특성) -(출력: 실제 임대료)의 데이터 쌍으로 구축한다. 이때, 월세 뿐만 아니라 보증금과의 복잡한 상관관계까지 학습 재료에 포함된다.

2단계: 임대료 결정 요인 학습(Learning Rent-Determining Factors)

AI 모델은 구축된 데이터 쌍을 학습하며, 어떤 요인이 임대료에 결정적인 영향을 미치는지 그 규칙을 발견한다. 예를 들어, '대학 정문에서 도보 거리가 1분 단축될 때마다 월세가 2만 원씩 상승'하거나, '새로운 빌트인 가전(스타일러, 건조기)이 추가될 경우 주변 시세보다 5만 원 높은 임대료 책정이 가능'하다는 구체적인 규칙을 정량적으로 도출한다. 또한, 지역의 공실률, 계절적 요인(대학가 방학, 기업 공채 시즌)까지 학습하여 동적인 임대 시장의 패턴을 이해한다.

3단계: 적정 월세 예측 및 수익률 산정(Predicting Rent & Calculating Yield)

학습을 마친 모델은 특정 부동산에 대한 최적의 월세와 보증금 조합을 예측한다. 여기서 더 나아가, AI가 예측한 매매가와 예측된 임대료를 결합하여 기대 임대수익률을 산출한다. 기대수익률(%) =(연간 월세 수입 × 12)/(예측 매매가 - 보증금) × 100 이 공식을 통해 투자자는 여러 대안 부동산 중 어떤 것이 가장 높은 수익률을 안겨줄지 데이터에 기반하여 객관적으로 비교하고 판단할 수 있다.

7.3. AI 예측 가상 사례

- 가상 사례 1: 대학가 오피스텔, 최적의 임대 전략을 찾다

신촌 중심생활권에서 누리는 오피스텔 라이프 '신촌 이대역 영타운 지웰 에스
https://www.nbnews.kr/

(1) 시나리오: 한 투자자가 서울 신촌 대학가에 위치한 전용면적 25㎡ 오피스텔을 매입하여 임대 사업을 하려고 한다.

(2) AI의 분석 과정:

- AI는 신촌 지역 오피스텔 임대 계약 5,000건을 학습한다.
- 학습 결과, '연세대 정문까지의 도보 시간'이 임대료를 결정하는 가장 강력한 변수임을 확인한다. 또한, '풀옵션 빌트인 가전(특히 건조기, 스타일러)' 유무가 월세를 5~7만 원가량 상승시키는 추가 요인임을 발견한다.
- 1~2월, 7~8월 방학 기간에는 단기 공실률이 평균 5% 증가하는 계절적 패턴도 학습한다.

(3) AI의 최종 예측 및 전략 제시:

"해당 오피스텔의 적정 임대료는 보증금 1,000만 원에 월세 95만 원으로 예측된다. AI가 예측한 매매가 2억 8,000만 원을 기준으로 할 때, 기대수익률은 연 4.2%로, 이는 지역 평균보다 0.3%p 높은 수치이다. 단, 방학 기간의 공실 리스크를 고려하여, 2년 장기 계약 시 월세를 2만 원 할인해주는 전략을 통해 연간 공실률을 2% 이내로 관리하는 것이 전체 수익률 극대화에 유리하다."

■ 가상 사례 2: 강남 업무지구의 단기임대 수익성을 극대화하다

(1) 시나리오: 한 스타트업이 강남역 인근 아파트를 임차한 후, 고급 가구를 비치하여 외국계 기업의 파견 주재원이나 IT 프리랜서를 대상으로 하는 고급 단기임대 사업을 구상한다.

(2) AI의 분석 과정:

- AI는 일반 임대 데이터 뿐만 아니라, 단기임대 플랫폼의 데이터

프리미엄에 원스톱 라이프까지… '비에네스타 강남' 공급
https://www.ksilbo.co.kr

를 함께 학습하여 장기 계약과 단기 계약의 임대료 결정 요인 차이를 분석한다.

- 분석 결과, 단기임대 시장에서는 '인테리어 디자인의 심미성(사진 데이터 분석)', '컨시어지 서비스 유무', '초고속 인터넷 속도'가 임대료에 20~30%의 추가 프리미엄을 부여하는 핵심 요인임을 발견한다.
- 인근 대기업들의 프로젝트 시즌, 국제 컨퍼런스 일정 등을 학습하여 월별 예상 수요와 적정 임대료 변동폭을 예측한다.

(3) AI의 최종 예측 및 전략 제시:

"해당 아파트의 일반 장기임대 시세는 월 300만 원 수준이다. 그러나 1,500만 원을 투자하여 디자이너 가구를 비치하고 청소 및 세탁 서비스를 제공할 경우, 월 550만 원의 임대료 책정이 가능하며, 연평균 예상 가동률은 80%에 달한다. 이를 연 수익으로 환산하면 5,280만 원으로, 일반 임대(3,600만 원) 대비 46% 높은 수익을 창출할 수 있다. 초기 투자비는 1년 내 회수 가능하다."

8

"숨겨진 가격 결정 요인을 발굴하기"와 가상사례

8.1. AI, 데이터 속 보물을 찾다

부동산의 가치는 왜 오르는가? 우리는 흔히 역세권, 학군, 대단지 같은 명백한 요인들을 떠올린다. 그러나 도시의 가치를 움직이는 힘은 때로 우리의 상식을 뛰어넘어, 눈에 보이지 않는 곳에 숨겨져 있다. 인공지능의 진정한 힘은 바로 이 "숨겨진 가격 결정 요인(Hidden Price-Determining Factors)"을 데이터 속에서 발굴해내는 능력에서 발현된다.

이는 마치 노련한 탐정이 현장의 미세한 증거들로 범인을 찾아내듯, AI가 수백, 수천 개의 변수들 사이의 미약한 관계와 복잡한 상호작용을 분석하여 시장의 숨겨진 욕망과 미래의 트렌드를 읽어내는 과정이다. AI는 이제 우리에게 '무엇이' 비싼 지를 알려주는 것을 넘어, '왜' 비싸 지는 지에 대한 근본적인 통찰을 제공하기 시작했다.

8.2. 숨겨진 요인 발굴의 원리

AI는 어떻게 인간이 미처 생각지 못한 가격 결정 요인을 찾아내는가? 그 비밀은 크게 두 가지, 특성 중요도 분석과 비정형 데이터의 정량화에 있다.

1단계: 특성 중요도 분석(Feature Importance Analysis)

AI 모델이 학습을 마치면, 우리는 모델에게 "가격을 예측하는 데 어떤 변수가 가장 큰 영향을 미쳤는가?"라고 물어볼 수 있다. 이것이 '특성 중요도' 분석이다. 모델은 각 변수가 가격 예측에 기여한 정도를 점수로 환산하여 순위를 매긴다. 이 과정에서 우리는 '지하철역과의 거리'나 '전용면적' 같은 예상했던 변수들 외에, '특정 프랜차이즈 카페의 반경 500m 내 입점 개수'나 '반경 1km 내 반려동물 병원 수'와 같이 전혀 예상치 못한 변수가 상위권에 오르는 것을 발견할 수 있다. 이는 시장의 숨겨진 수요를 데이터가 스스로 증명하는 순간이다.

2단계: 비정형 데이터의 정량화(Quantifying Unstructured Data)

AI의 진정한 능력은 숫자 데이터(정형 데이터)를 넘어, 텍스트, 이미지, 위성사진과 같은 "비정형 데이터(Unstructured Data)"를 분석하는 데서 드러난다. 예를 들어, 자연어 처리(NLP) 기술을 이용해 소셜미디어(SNS)나 블로그의 게시글 수십만 건을 분석하여 특정 지역에 대한 사람들의 감성(긍정/부정)이나 관심사(맛집, 핫플레이스, 산책)를 지수 화할 수 있다. 또한, 위성사진을 분석하여 실제 체감되는 녹지 비율이나 일조량을 정량적인 데이터로 변환한다. 이렇게 수치 화된 '분위기'나 '삶의 질'은 기존의 방식으로는 측정할 수 없었던, 강력하고 새로운 가격 결정 요인이 된다.

8.3. AI 예측 가상 사례

- 가상 사례 1:
  SNS 데이터로 '힙(Hip) 지수'를 측정하여 상가 가치를 예측하다

(1) 시나리오: 한 자산운용사가 서울 성수동의 상가 건물 매입을 고려하고 있다. 전통적인 방식으로는 설명하기 어려운 높은 가격의 원인을 찾고자 한다.

팝업스토어부터 성수동 핫플까지…돈 되는 상가의 비밀 | 한국경제
https://www.hankyung.com

(2) AI의 분석 과정:

- AI는 지난 3년간 인스타그램, 블로그 등에서 '성수동'과 함께 언급된 키워드 500만 건을 분석한다.
- '맛집', '카페투어', '팝업스토어', '핫플'과 같은 키워드의 언급 빈도, 관련 게시물의 '좋아요' 수, 긍정적인 댓글 비율 등을 종합하여 '힙(Hip) 지수'라는 새로운 변수를 생성한다.
- 이 '힙 지수'를 다른 변수들과 함께 상가 임대료 예측 모델에 학습시킨 결과, '유동인구'나 '역과의 거리'보다 이 '힙 지수'가 임대료 상승을 40% 더 잘 설명하는 핵심 요인임을 발견한다.

(3) AI의 최종 예측 및 통찰:

"해당 상가 건물의 높은 가치는 단순히 유동인구가 많기 때문이 아니다. SNS 데이터 분석 결과, 이 지역은 '힙 지수'가 서울시 평균 대비 3.5배 높은 지역으로, 이는 20-30대 소비 주도층의 강력한 문화적 선호도가 응집된 결과이다. 따라서 이 건물의 가치는 물리적 입지가 아닌, '경험을 소비'하고자 하는 시대적 트렌드라는 무형의 자산 가치가 반영된 것이다. '힙 지수'가 하락하지 않는 한, 임대료는 지속적으로 우 상향할 가능성이 높다."

■ 가상 사례 2:
'펫 프렌들리 지수'로 아파트의 숨겨진 가치를 발견하다

반려동물과 함께 살기 좋은 아파트 https://alzza111.tistory.com

(1) 시나리오: 한 부부가 반려동물과 함께 살기 좋은 아파트를 찾고 있다. 비슷한 조건의 두 아파트 단지 중 어디를 선택해야 할지 고민이다.

(2) AI의 분석 과정:

- AI는 아파트 가격 예측 모델의 특성 중요도를 분석하던 중, '반경 1km 내 반려동물 병원, 미용실, 공원 수'를 종합한 '펫 프렌들리(Pet-Friendly) 지수'가 학군이나 교통만큼은 아니지만, 유의미한 가격 결정 요인임을 발견한다.
- AI는 이 지수가 높은 지역의 아파트가 낮은 지역에 비해 평균 3~5% 높은 가격을 형성하며, 특히 가격 하락기에도 하방 경직성이 강한 패턴을 찾아낸다.

(3) AI의 최종 예측 및 조언:

"A 아파트와 B 아파트는 면적, 연식, 가격이 거의 동일하다. 그러나 AI 분석 결과, B 아파트의 '펫 프렌들리 지수'는 85점으로, 45점

인 A 아파트보다 월등히 높다. 이는 반려동물 양육 가구라는 특정 수요층의 강력한 선호가 가격에 프리미엄으로 작용하고 있음을 의미한다. 당장의 가격 차이는 미미할 수 있으나, 향후 매도 시 더 넓은 수요층에게 어필할 수 있어 환금성 측면에서 B 아파트가 더 유리한 선택이다."

9

"상업용 부동산의 미래 매출을 예측해 보자."와 가상사례

9.1. AI, 상권의 흥망을 읽다

상업용 부동산의 가치는 그곳에서 일어나는 '비즈니스의 성공'과 직결된다. 특정 위치에 카페를 열면 하루에 커피를 몇 잔이나 팔 수 있을까? 새로운 쇼핑몰을 지으면 과연 사람들이 지갑을 열 것인가? 과거에는 이러한 질문에 대한 답을 상권 분석가의 경험과 직관에 의존해야 했다. 그러나 이제 인공지능은 상업용 부동산의 미래 매출이라는, 가장 중요하지만 예측하기 어려웠던 영역에 도전장을 내밀고 있다.

이는 단순히 부동산의 물리적 가치를 평가하는 것을 넘어, 그 공간에서 펼쳐질 경제 활동의 성패를 데이터로 예측하는 것이다. AI는 유동인구, 소비 패턴, 경쟁 구도 등 상권의 혈류를 분석하는 '디지털 상권 분석가'가 되어, 특정 입지가 가진 잠재적 수익 창출 능력을 정량적으로 제시한다.

9.2. 미래 매출 예측의 원리

AI는 어떻게 특정 상점의 미래 매출을 예측하는가? 이는 그 상점을 둘러싼 모든 환경 데이터를 종합적으로 학습하여 성공의 방정식을 푸는 과정이다.

1단계: 상권 데이터의 다차원적 구축(Building Multi-dimensional Commercial Data)

매출 예측의 핵심은 풍부한 데이터에 있다. 특정 지점의 시간대별 유동인구 데이터, 해당 지역의 신용카드 결제 데이터(업종별, 연령별, 성별), 주변 경쟁 점포의 분포 및 밀도, 배후 주거단지의 인구통계학적 특성(소득 수준, 가구 구성), 심지어 소셜미디어 데이터와 교통량 데이터까지, 매출에 영향을 미칠 수 있는 모든 데이터를 시공간적으로 결합하여 거대한 데이터셋을 구축한다.

2단계: 성공과 실패의 패턴 학습(Learning Patterns of Success and Failure)

AI 모델은 구축된 데이터셋을 기반으로, 유사한 입지 조건을 가진 수천, 수만 개 상점들의 실제 매출 데이터를 학습한다. 이 과정에서 '어떤 조건들이 높은 매출로 이어지는가'에 대한 복잡한 패턴을 발견한다. 예를 들어, '20대 여성 유동인구가 많은 지역에서는 마라탕 전문점의 매출이 높지만, 40대 가족 단위 유동인구가 많은 곳에서는 대형 베이커리 카페의 매출이 높다'는 업종과 인구 특성의 궁합을 찾아낸다. 또한, '경쟁 카페가 3개 이상인 곳에서는 신규 카페의 1년 후 생존율이 40% 이하로 급감한다'는 경쟁의 임계점을 데이터로 확인한다.

3단계: 미래 시나리오 기반 매출 예측(Scenario-based Sales Forecasting)

학습을 마친 모델은 이제 미래를 시뮬레이션 할 수 있다. 예를 들어,

"A 위치에 스타벅스를 입점시킬 경우"라는 시나리오를 입력하면, 모델은 해당 위치의 모든 상권 데이터를 종합하여 예상 월별 매출액, 주요 고객층, 시간대별 피크 타임 등을 구체적인 수치로 예측해낸다. 이는 단순한 점괘가 아닌, 데이터에 기반한 가장 확률 높은 미래 시나리오이다.

9.3. AI 예측 가상 사례

■ 최적입지 선정 가상 사례 1: 신규 프랜차이즈 카페의 최적 입지를 선정하다

https://www.google.com/search

(1) 시나리오: 한 대형 베이커리 카페 프랜차이즈가 서울 여의도에 신규 직영점을 내려 한다. 증권가 중심의 A 후보지와 국회의사당 인근의 B 후보지를 두고 고민 중이다.

(2) AI의 분석 과정:

- AI는 두 후보지의 시간대별 유동인구, 주변 오피스의 상주인구 수, 신용카드 데이터 기반의 점심/저녁 시간대 소비 패턴, 반경 300m 내 경쟁 카페의 분포 및 평균 객단가를 분석한다.
- 분석 결과, A 후보지는 오전 8-9시와 점심시간(12-1시)에 유동인구가 폭발적으로 증가하지만, 저녁 7시 이후와 주말에는 급감하

는 전형적인 '오피스 상권' 패턴을 보인다.

- B 후보지는 유동인구의 절대량은 A보다 적지만, 주중과 주말의 편차가 적고, 특히 주말에는 가족 단위 방문객이 많아 '1인당 평균 구매액(객단가)'이 A보다 20% 높은 패턴을 보인다.

(3) AI의 최종 예측 및 의사결정 지원:

"A 후보지의 예상 연 매출은 12억 원, B 후보지는 10억 원으로 예측된다. 그러나 A 후보지는 높은 임대료와 극심한 피크타임으로 인해 인력 운영 효율이 떨어져 "예상 영업이익률은 8%"에 그친다. 반면, B 후보지는 안정적인 매출 흐름과 높은 객단가 덕분에 예상 영업이익률이 15%에 달한다. 따라서 단기 매출 극대화가 목표라면 A가, 안정적이고 높은 수익성을 원한다면 B가 최적의 입지이다."

■ 최적입지 선정 가상 사례 2: 노후화된 쇼핑몰의 부활을 위한 '키 테넌트'를 찾다

(1) 시나리오: 경기도의 한 노후화된 중소형 쇼핑몰이 핵심 임차인(앵커 테넌트)이 빠져나가며 공실률이 높아지고 있다. 쇼핑몰 소유주는 어떤 업종을 유치해야 상권 전체를 살릴 수 있을지 고민이다.

(2) AI의 분석 과정:

- AI는 쇼핑몰 반경 2km 내 아파트 단지의 실거래가, 평형대, 거주자 연령대 데이터를 분석하여 배후 수요가 '30-40대 어린 자녀를 둔 중산층 가구'에 집중되어 있음을 확인한다.
- 이들의 신용카드 소비 패턴을 분석한 결과, '키즈 관련(교육, 의류, 체험시설)'과 '외식'에 대한 지출 비중이 전국 평균보다 1.8배 높다는 사실을 발견한다.

중소형 점포 살린다 https://www.hankyung.com

- AI는 '대형 키즈 카페', '유명 외식 브랜드', 'SPA 의류 브랜드'를 입점시키는 각 시나리오별로 쇼핑몰 전체의 유동인구 변화와 총 매출액 변화를 시뮬레이션 한다.

(3) AI의 최종 예측 및 솔루션:

"현재 공실인 1층 중앙 공간에 '대형 프리미엄 키즈 카페'를 유치할 경우, 쇼핑몰의 주말 방문객 수가 평균 40% 증가할 것으로 예측된다. 이로 인해 키즈 카페 자체 매출(연 10억 원)뿐만 아니라, 주변 아동복 매장의 매출이 25%, 식당가의 매출이 30% 동반 상승하는 강력한 시너지 효과가 발생한다. 최종적으로 쇼핑몰 전체 연 매출은 현재 대비 22%(약 30억 원) 증가하여 상권 부활의 결정적인 전환점이 될 것이다."

이처럼 AI의 매출 예측은 상업용 부동산의 개발, 투자, 임차 전략 수립에 있어 '감'이 아닌 '데이터'에 기반한 과학적 의사결정을 가능하게 하는 혁신적인 도구로 자리매김하고 있다.

주제 3

비지도 학습(Unsupervised Learning)을 활용한 도시부동산 유형 분류

1

도시부동산 가치 평가에서 비지도 학습의 목표, 작동원리 및 기술, 역할, 장단점, 도시부동산 활용예시

구분	내용
목표	'정답(Label)'이 없는 데이터 그 자체의 내재된 구조, 패턴, 그룹을 스스로 발견하는 것입니다. 이는 마치 정답지 없이 수만 권의 책을 내용에 따라 '소설', '역사', '과학' 등으로 스스로 분류하는 사서와 같습니다. 즉, 데이터의 숨겨진 질서를 찾아내는 것이 최종 목표입니다.
작동 원리 및 기술	원리: AI 모델에 가격 정보가 없는, 순수한 부동산의 특성 데이터(예: 위치, 면적, 건축 연도, 주변 시설 등)만을 제공합니다. 모델은 이 데이터들 간의 유사성(similarity)과 거리(distance)를 계산하여 비슷한 것들끼리 묶거나(군집화), 여러 변수를 압축하여 핵심적인 특성을 추출(차원 축소)합니다. 주요 기술: • 군집화(Clustering): 데이터를 비슷한 특성을 가진 몇 개의 그룹으로 묶는 기술입니다.(예: K-평균 군집화 - K-Means Clustering) • 차원 축소(Dimensionality Reduction): 수십 개의 복잡한 변수들을 핵심적인 몇 개의 잠재 변수(Latent Variable)로 요약하여 데이터의 본질을 파악하는 기술입니다.(예: 주성분 분석 - PCA) • 연관 규칙 분석(Association Rule Mining): 데이터 속에서 특정 항목들이 얼마나 자주 함께 발생하는지를 분석합니다.(예: '방 3개 아파트'를 구매한 사람은 '초등학교 인접' 특성도 함께 고려하는 경향)

역할	정답을 예측하는 '예측가'가 아닌, 데이터의 본질을 탐험하고 숨겨진 지도를 그려내는 '데이터 탐험가(Data Explorer)' 또는 '시장 세분화 전문가(Market Segmenter)'의 역할을 합니다. "이 집의 가격은 얼마인가?"가 아닌, "이 도시에는 어떤 종류의 주거 지역들이 존재하는가?"라는 근본적인 질문에 답합니다.
장단점	장점: • 레이블링 불필요: 정답 데이터가 필요 없어 데이터 준비 비용과 시간이 절감됩니다. • 예상치 못한 통찰 발견: 인간의 편견이나 사전 지식 없이 데이터 기반의 새로운 패턴이나 그룹을 발견할 수 있습니다. • 탐색적 데이터 분석에 탁월: 복잡한 데이터의 구조를 파악하고 이해하는 초기 분석 단계에서 매우 유용합니다. 단점: • 결과 해석의 어려움: 모델이 왜 특정 그룹으로 묶었는지 그 의미를 사람이 직접 해석해야 하는 경우가 많습니다. • 정확도 측정이 어려움: 정답이 없으므로 모델의 성능을 명확한 수치로 평가하기가 상대적으로 어렵습니다. • 직접적인 예측 불가: 가격이나 매출 같은 특정 값을 직접 예측하지는 못합니다.
도시 부동산 활용 예시	• 부동산 시장 세분화(Market Segmentation): 서울의 모든 동(洞)을 인구 통계, 소비 패턴, 주택 유형 데이터를 이용해 '1인 가구 중심의 신흥 상업지구', '고소득 전문직 중심의 전통 부촌', '자녀 교육 중심의 중산층 거주지' 등 5개의 고유한 클러스터로 군집화하여 각 시장의 특성을 파악합니다. • 이상치 탐지(Anomaly Detection): 군집화 결과, 어떤 그룹에도 속하지 않는 '이상치(Outlier)' 부동산을 발견합니다. 이는 독특한 가치를 지닌 저평가/고평가 부동산이거나, 데이터 오류일 수 있어 추가 분석의 기회를 제공합니다. • 잠재 가치 지수 개발: 주성분 분석(PCA)을 이용해 '교통 접근성', '교육 환경', '생활 편의성', '자연환경'과 관련된 수십 개의 변수를 '주거 쾌적성 지수'라는 단일한 잠재 변수로 압축합니다. 이 새로운 지수는 지도 학습 모델의 예측력을 높이는 강력한 입력 변수로 활용될 수 있습니다.

2

"클러스터링으로 숨은 도시부동산 유형을 발견하다"와 가상사례

2.1. 도시부동산 유형을 나누어 진짜 보석을 찾는다

우리는 도시를 행정구역(예: 강남구, 마포구)이나 가격(예: 고가 주택지, 저가 주택지)이라는 익숙한 잣대로 구분하는 데 익숙하다. 그러나 도시의 진짜 모습은 이러한 표면적인 분류 너머에 존재한다. 만약 도시를 살아가는 사람들의 '라이프스타일'이나 '성장 잠재력'이라는 새로운 기준으로 재분류할 수 있다면 어떨까? 비지도 학습의 핵심 기술인 "클러스터링(Clustering, 군집화)"은 바로 이 질문에 대한 답을 데이터 속에서 찾아낸다.

클러스터링은 '정답' 없이 데이터의 내재된 구조를 파악하는 탐험과 같다. 가격이라는 결과가 아닌, 지역을 구성하는 수많은 특성 데이터 그 자체를 분석하여 서로 비슷한 것들끼리 묶어주는 것이다. 이 과정을 통해 우리는 기존의 상식으로는 발견할 수 없었던 도시의 새로운 얼굴, 즉 숨겨진 도시부동산의 유형(Type)을 발견하게 된다.

2.2. 클러스터링의 핵심 원리

AI는 어떻게 정답 없이 도시의 유형을 분류하는가? 그 과정은 데이터의 본질적 특성을 이해하고, 유사성에 기반해 그룹을 형성하는 세 단계로 이루어진다.

1단계: 데이터의 특성화(Characterizing the Data)

클러스터링의 출발점은 '가격'이라는 정답지를 지우는 것이다. 대신, 분석하고자 하는 지역이나 부동산을 설명하는 다양한 '특성(Feature)' 데이터를 수집한다. 예를 들어, 각 지역의 인구통계학적 특성(평균 연령, 1인 가구 비율), 상업적 특성(카페/식당 수, 유동인구), 물리적 특성(건축물 평균 연령, 공원 면적), 사회적 특성(SNS 언급량, 범죄율) 등 수십 개의 변수가 AI의 분석 대상이 된다.

2단계: 유사성 기반의 그룹화(Grouping based on Similarity)

AI 모델(예: K-평균 알고리즘)은 다차원 공간에 펼쳐진 데이터들 사이의 '거리'를 계산한다. 여기서 거리는 물리적 거리가 아닌, 특성들의 유사성을 의미한다. 예를 들어, '20대 1인 가구 비율이 높고, 독특한 카페가 많으며, 대중교통 이용률이 높은' 지역들은 서로 거리가 가깝다고 판단하여 하나의 그룹으로 묶는다. 이 과정은 그룹 내 데이터들의 동질성은 최대화하고, 다른 그룹과의 이질성은 극대화하는 방향으로 반복적으로 수행된다.

3단계: 군집의 해석 및 명명(Interpreting and Naming Clusters)

AI가 그룹화를 마치면, 각 그룹(Cluster)이 어떤 특성을 공유하는지 분석하는 것은 인간 전문가의 몫이다. 각 그룹의 평균적인 특성 값을 살펴보며 그 군집의 정체성을 해석하고, "2030 문화-소비 중심지"나 "4050 교육-가족 중심지"와 같이 의미 있는 이름을 부여한다. 이 과정을 통해 데이터는 비로소 지식과 통찰로 변모한다.

2.3. AI 클러스터 기반 예측 가상 사례

■ AI 클러스터 가상 사례 1(AI가 발견한 도시의 새로운 얼굴):
서울의 숨겨진 '라이프스타일' 동네를 발견하다

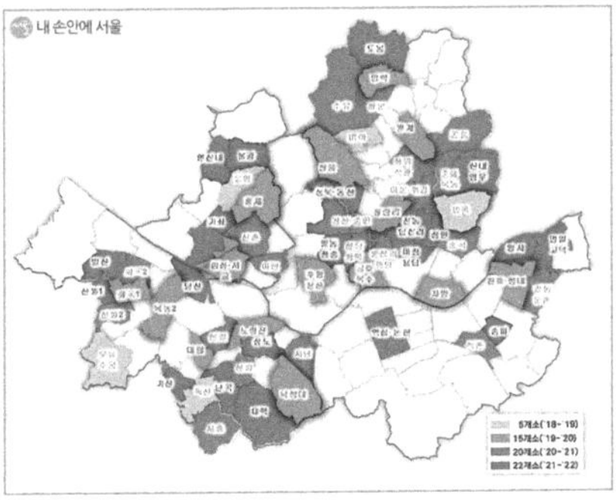

우리동네 어떻게 바뀔까? https://mediahub.seoul.go.kr

(1) **시나리오:** 한 도시 데이터 분석가가 서울의 동(洞)들을 행정구역이 아닌, 실제 살아가는 사람들의 라이프스타일 패턴에 따라 새롭게 분류하고자 한다.

(2) **AI의 분석 과정:**

- 서울시 모든 동(洞)에 대해 1인 가구 비율, 20-30대 인구 비율, 평당 카페/식당 수, 대중교통 접근성, 공원 면적 등의 데이터를 수집한다.
- K-평균 클러스터링 알고리즘을 이용해 전체 동을 5개의 라이프스타일 군집으로 분류한다.

(3) **AI가 발견한 도시의 새로운 얼굴:**

클러스터링 결과, 행정구역과 무관하게 다음과 같은 5개의 뚜렷한 '라이프스타일 클러스터'가 발견된다.

• 클러스터 1(예: 연남동, 성수동, 망원동): '트렌드 선도형 1인 가구 중심지' - 20-30대 인구 및 1인 가구 비율이 압도적으로 높고, 개성 있는 소규모 상업시설이 밀집해 있다.
• 클러스터 2(예: 대치동, 목동, 중계동): '자녀 교육 특화 중산층 거주지' - 4인 이상 가구 비율과 학원 수가 월등히 높으며, 평균 소득 수준이 안정적이다.
• 클러스터 3(예: 여의동, 서초동): '고소득 전문직 업무-주거 복합지' - 주야간 인구 편차가 크고, 평균 소득이 최상위권이며, 대형 오피스 빌딩과 고급 주상복합이 공존한다. 이 분석은 강남구 안에도 여러 유형의 클러스터가 존재하며, 마포구와 성동구의 특정 지역은 물리적으로 떨어져 있음에도 같은 라이프스타일 유형으로 묶일 수 있음을 보여준다.

■ AI 클러스터 가상 사례 2(AI가 발견한 도시의 새로운 얼굴): 저평가된 '잠재 성장 지역'을 탐색하다

(1) **시나리오:** 한 부동산 개발사가 현재는 주목받지 못하지만, 미래의 '핫플레이스'가 될 잠재력을 가진 지역을 선제적으로 발굴하고자 한다.

(2) **AI의 분석 과정:**

• 수도권 전역을 대상으로 '최근 2년간 인구 순유입률', '청년 창업(신규 사업자 등록) 증가율', 'SNS 버즈량 증가율', '교통 인프라 개선 계획' 등 '성장 동력'과 관련된 데이터들을 학습시킨다.
• 이 성장 동력 특성들의 유사성에 기반하여 지역들을 4개의 군집으로 분류한다.

(3) AI가 찾아낸 기회의 땅:

분석 결과, '클러스터 A'는 모든 성장 동력 지표가 최근 1년간 급격히 상승하는 패턴을 보인다. 흥미로운 점은 이 클러스터의 특성 패턴이, 이미 가격이 급등한 '클러스터 B'(과거의 성수동, 연남동 초기 모습)의 3년 전 패턴과 95%의 유사도를 보인다는 것이다. 그러나 '클러스터 A' 지역들의 현재 평균 부동산 가격은 '클러스터 B'의 절반 수준에 불과하다. AI는 이를 통해 '클러스터 A'가 '성장 잠재력이 높은 저평가 지역'이라는 결론을 내린다. 이는 가격을 예측한 것이 아니라, 성공한 지역의 '성장 DNA'와 유사한 패턴을 가진 새로운 지역을 발견함으로써, 데이터에 기반한 새로운 투자 기회를 발굴한 것이다.

3

"임대 수익률을 기준으로 상업지역 유형을 자동 도출하다"와 가상사례

3.1. 모든 상업용 부동산을 '안정적인 저위험-저수익 지역'과 '변동성 높은 고위험-고수익 지역'으로 자동 분류할 수 있다면 어떨까?

상업지역을 어떻게 분류할 수 있을까? 전통적으로 우리는 '명동 상권', '강남 상권'과 같이 지리적 경계나 '고임대료 지역', '저임대료 지역'처럼 단편적인 기준으로 상권을 구분해왔다. 그러나 이러한 분류는 상권이 가진 본질적인 투자 특성, 즉 '위험(Risk)'과 '기대수익(Return)'의 관계를 설명하지 못한다. 만약 도시의 모든 상업용 부동산을 '안정적인 저위험-저수익 지역'과 '변동성 높은 고위험-고수익 지역'으로 자동 분류할 수 있다면 어떨까?

비지도 학습, 특히 클러스터링(Clustering) 기법은 바로 이 과제를 수행한다. AI는 개별 부동산의 임대료나 매매가격이라는 '결과'가 아닌, 그 둘의 관계인 '임대 수익률'과 관련 데이터(공실률, 변동성 등)를 학습하여, 비슷한 투자 프로필을 가진 지역들을 하나의 유형으로 묶어낸다. 이는 상권을 바라보는 패러다임을 지리적 위치에서 '투자 자산의 특성'으로 전환시키는 혁신적인 접근법이다.

3.2. 상업지역 유형 도출의 핵심 원리

AI는 어떻게 정답 없이 상권의 투자 유형을 자동으로 도출하는가? 그 핵심은 수익률 프로필의 유사성을 기반으로 그룹을 형성하는 데 있다.

1단계: 수익률 프로필 데이터 구축

분석의 첫걸음은 각 부동산의 투자 매력도를 설명하는 다 차원적인 데이터를 구축하는 것이다. 단순히 '기대 임대수익률(예상 연 임대료/매매가)'뿐만 아니라, '수익률 변동성(과거 5년간 수익률의 표준편차)', '평균 공실률', '임차인 교체 빈도(Turnover Rate)' 등 위험과 안정성을 나타내는 지표들을 함께 수집한다. 이렇게 구축된(수익률, 변동성, 공실률, ...) 데이터셋이 바로 각 부동산의 고유한 '투자 프로필'이 된다.

2단계: 유사성 기반의 군집화(Clustering based on Similarity)

AI 클러스터링 모델은 수만 개 부동산의 투자 프로필 데이터를 다차원 공간의 점으로 인식하고, 그 점들 사이의 '거리'를 계산한다. 여기서 거리는 프로필의 유사성을 의미한다. 예를 들어, '낮은 수익률, 낮은 변동성, 낮은 공실률'이라는 프로필을 가진 부동산들은 서로 거리가 가깝다고 판단하여 하나의 군집(Cluster)으로 묶는다. 반면, '높은 수익률, 높은 변동성, 높은 공실률'을 가진 부동산들은 다른 군집으로 분류된다.

3단계: 군집의 해석 및 유형 정의(Interpretation and Type Definition)

AI가 군집화를 완료하면, 각 군집이 어떤 투자 특성을 공유하는지 분석하여 그 정체성을 정의한다. 예를 들어, 첫 번째 군집은 '안정 성장형 핵심자산 지역', 두 번째 군집은 '고위험 고수익형 기회 지역'과 같이 투자 전략과 연결되는 이름으로 명명한다. 이 과정을 통해 우리는 데이터에 기반하여 도시 상권을 새로운 투자 관점으로 재편성할 수 있다.

3.3. AI 예측 가상 사례

■ AI가 발견한 새로운 투자 기회 가상 사례 1:
'숨겨진 성장 회랑'을 발견한 자산운용사

(1) **시나리오:** 한 자산운용사가 현재보다 미래 성장 잠재력이 높은 상권을 선점하고자 한다. 단순히 임대료가 오르는 곳이 아닌, '위험 대비 수익률'이 개선되는 기회의 땅을 찾고자 한다.

(2) **AI의 분석 과정:**

- 서울시 전역 상업용 부동산의 최근 3년간 '임대 수익률 변화', '공실률 변화', '신규 창업(특히 IT, 디자인 분야) 증가율' 데이터를 학습시킨다.
- 클러스터링 결과, 5개의 뚜렷한 상권 유형을 도출한다. 그중 하나의 군집(클러스터 C)이 독특한 프로필을 보인다.

(3) AI가 발견한 새로운 투자 기회:

'클러스터 C'는 '고성장 전환형(High-Growth Transition)' 지역으로 명명된다. 이 군집의 특징은 ① 평균 임대 수익률이 최근 2년간 3.5%에서 4.8%로 빠르게 상승하고 있으며, ② 높았던 공실률이 급격히 감소하고, ③ '크리에이티브' 업종의 창업률이 타 지역 대비 3배 높다는 것이다. 지도에 시각화하자, 이 군집에는 익히 알려진 성수동뿐만 아니라, 문래동의 공장지대 일부와 을지로3가 인쇄 골목이 포함되어 있었다. AI는 물리적으로 떨어진 이 세 지역이 '투자 프로필' 관점에서는 동일한 성장 DNA를 공유하는 '숨겨진 성장 회랑(Hidden Growth Corridor)'임을 밝혀낸 것이다. 이는 전통적인 상권 분석으로는 발견할 수 없는, 데이터 기반의 새로운 투자 지도를 제시한다.

■ AI가 제시한 저위험-안정 수익 지역 가상 사례 2:
리스크 관리에 초점을 맞춘 프랜차이즈의 출점 전략

(1) 시나리오: 한 대형 커피 프랜차이즈가 안정적인 수익을 최우선으로 하여 신규 매장 입지를 선정하고자 한다. 유행에 민감한 '반짝' 상권이 아닌, 10년 이상 꾸준한 매출을 보장할 수 있는 곳을 찾고 있다.

(2) AI의 분석 과정:

• 수도권 상업지역을 대상으로 '임대 수익률', '수익률 변동성', '10년 이상 장기 영업 점포 비율', '주말/주중 매출 편차' 데이터를 학습시킨다.
• AI는 여러 군집 중, 특정 프로필을 가진 군집(클러스터 A)에 주목한다.

(3) AI가 제시한 저위험-안정 수익 지역:

'클러스터 A'는 '성숙기 안정형(Mature & Stable Core)' 지역으로 정의된다. 이 군집의 특징은 ①임대 수익률은 3% 내외로 높지 않지만,

②지난 10년간 수익률 변동성이 0.2% 미만으로 극히 안정적이며, ③10년 이상 장기 영업 점포 비율이 60% 이상이라는 점이다. 놀랍게도 이 군집에는 강남, 광화문 같은 중심업무지구 뿐만 아니라, 목동, 분당, 평촌 등 대규모 아파트 단지의 중심 상업가가 대거 포함되었다. AI의 통찰은 다음과 같다. "폭발적 성장은 없지만, 거대한 배후 주거단지의 고정 수요 덕분에 이 지역들은 경기 변동에 거의 영향을 받지 않는다. 따라서 안정적인 현금흐름을 최우선으로 하는 업종에게는 트렌디한 상권보다 리스크 대비 수익이 훨씬 우수한 최적의 입지이다." 이는 데이터가 어떻게 직관을 넘어 과학적인 리스크 관리 전략을 제공하는지를 보여준다.

4

"비지도 학습을 활용한 도시 리스크 지도 구축"와 가상사례

4.1. 우리가 도시의 어느 곳이, 그리고 '어떤 종류의' 위험에 취약한지를 미리 식별하고 지도로 그려낼 수 있다면 어떨까?

도시는 기회의 공간인 동시에 다양한 위험(Risk)이 잠재된 공간이다. 자연재해, 범죄, 산업 쇠퇴, 사회적 고립 등 도시의 리스크는 복잡한 요인들이 얽혀 발생하며, 특정 지역에 집중되는 경향을 보인다. 만약 우리가 도시의 어느 곳이, 그리고 '어떤 종류의' 위험에 취약한지를 미리 식별하고 지도로 그려낼 수 있다면 어떨까? 이는 재난을 예방하고, 범죄를 줄이며, 더 안전한 도시를 만드는 결정적인 열쇠가 될 것이다.

비지도 학습, 특히 클러스터링(Clustering)은 바로 이 과제를 수행하는 강력한 도구이다. 이 접근법은 '위험 지역'이라는 정답을 미리 정해두지 않는다. 대신, 도시의 다양한 데이터를 있는 그대로 학습하여 비슷한 위험 프로필을 가진 지역들을 스스로 묶어낸다. 이 과정을 통해 우리는 기존의 방식으로 포착할 수 없었던 '복합적인 위험 지대'나 '새롭게 부상하는 위험 지역'을 발견하고, 도시의 숨겨진 위험 지도를 그려낼 수 있다.

4.2. 도시 리스크 지도 구축의 핵심 원리

AI는 어떻게 정답 없이 도시의 위험 유형을 자동으로 분류하는가? 그 핵심은 도시를 구성하는 다양한 데이터를 통해 유사한 '위험 프로필'을 가진 지역을 찾아내는 데 있다.

1단계: 다차원적 리스크 데이터 구축

분석의 시작은 도시의 위험을 설명할 수 있는 모든 종류의 데이터를 수집하는 것이다. 물리적 리스크(노후 건축물 비율, 침수 상습 지역, 지진 취약성), 사회적 리스크(범죄율, 1인 고령 가구 밀도, 사회적 고립 지수), 그리고 경제적 리스크(공실률, 폐업률, 실업률) 등 다차원적인 데이터를 특정 공간 단위(예: 행정동, 100m 격자)로 구축한다. 이 데이터셋에는 '위험 점수'라는 정답이 없으며, 오직 현상을 설명하는 특성들만 존재한다.

2단계: 유사성 기반의 위험 군집화(Clustering based on Risk Profile Similarity)

AI 클러스터링 모델은 수집된 다차원 데이터를 분석하여 유사한 위험 특성을 공유하는 지역들을 하나의 군집(Cluster)으로 묶는다. 예를 들어, '노후 건축물 비율이 높고, 1인 고령 가구 밀도가 높으며, 범죄율이 높은'

지역들은 하나의 군집으로 분류된다. 이 과정은 AI가 데이터의 내재된 구조를 스스로 학습하여, 인간의 편견 없이 객관적인 위험 유형들을 도출해내는 과정이다.

3단계: 군집 해석 및 리스크 지도 시각화(Interpretation and Risk Map Visualization)

AI가 군집화를 완료하면, 각 군집이 어떤 종류의 위험 특성을 공유하는지 분석하여 그 정체성을 정의한다. 예를 들어, 특정 군집은 '복합 재난 취약 지역'으로, 다른 군집은 '상권 쇠퇴 가속화 지역'으로 명명할 수 있다. 이렇게 정의된 각 위험 유형을 지도 위에 각기 다른 색상으로 시각화하면, 도시 전체의 위험 분포와 유형을 한눈에 파악할 수 있는 '도시 리스크 지도'가 완성된다.

4.3. AI 예측 가상 사례

- 복합 재난 취약 지구' 발견 가상 사례 1:
  '복합 재난 취약 지구'를 발견하여 인명 피해를 예방하다

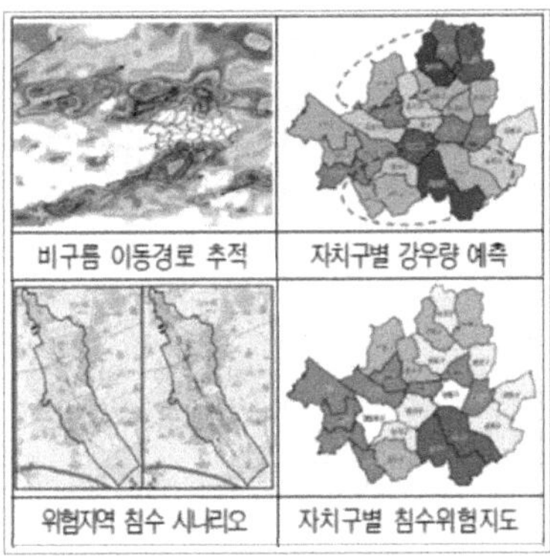

https://www.newspim.com

(1) 시나리오: 한 대도시의 재난 관리 부서가 기후 변화로 인한 국지성 호우에 대비하여, 기존의 침수 위험 지도보다 더 정교한 대비책을 마련하고자 한다.

(2) AI의 분석 과정:

- 도시 전역을 대상으로 침수 이력, 하천과의 거리, 저지대 면적 등 '물리적 데이터'와 1인 고령 가구 밀도, 장애인 등록 인구, 반지하 주택 비율 등 '사회적 데이터'를 결합하여 학습시킨다.
- 클러스터링 결과, 5개의 뚜렷한 위험 군집을 도출한다. 그중 하나의 군집(클러스터 D)이 새로운 통찰을 제공한다.

(3) AI가 발견한 새로운 위험 지대:

'클러스터 D'는 '복합 재난 취약 지구(Complex Disaster Vulnerability Zone)'로 명명된다. 이 지역은 전통적인 침수 위험 등급은 '중간' 수준이지만, ① 1인 고령 가구 밀도가 도시 평균의 4배에 달하고, ② 반지하 주택 비율이 70% 이상이라는 독특한 프로필을 보인다. AI는 이 지역이 물리적 위험보다 '재난 대응 능력이 현저히 낮은 사회적 그룹'이 밀집하여, 실제 재난 발생 시 인명 피해 위험이 '최고' 등급 지역보다 더 클 수 있음을 경고한다. 시뮬레이션 결과, 이 지역은 지난 5년간 폭우 시 구조 요청 건수가 침수 위험 최고 등급 지역보다 2.5배 높았다. 이 리스크 지도를 통해 시 정부는 해당 지역에 대피 도우미를 우선 배치하고, 상습 침수 가구에 대한 맞춤형 지원 정책을 수립할 수 있게 된다.

■ '젠트리피케이션 조기 경보 가상 사례 2: '젠트리피케이션 조기 경보 지도'를 구축하다

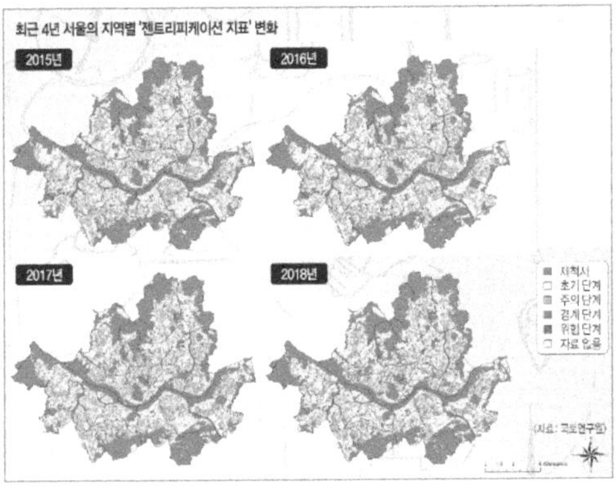

서울서 젠트리피케이션 가장 심한 곳은?
마포·광진·도봉-국민일보

(1) **시나리오:** 한 지자체가 젠트리피케이션으로 인한 원주민 및 영세 상인의 비자발적 이주 문제를 완화하기 위해, 문제가 심각해지기 전에 선제적으로 대응할 수 있는 방안을 찾고자 한다.

(2) **AI의 분석 과정:**

- 특정 지역을 대상으로 '소셜미디어 버즈량(핫플, 맛집 등) 증가율', '단기 임대(에어비앤비 등) 등록 건수 증가율', '소규모 점포(20평 미만) 폐업률', '평균 임대료 상승률' 등 젠트리피케이션 관련 데이터를 학습시킨다.
- AI는 여러 군집 중, 독특한 변화 패턴을 보이는 군집(클러스터 B)을 식별한다.

(3) AI가 제시한 선제적 정책 개입 기회:

'클러스터 B'는 '젠트리피케이션 조기 경보 지구(Gentrification Early Warning Zone)'로 정의된다. 이 지역의 특징은 ① 아직 평균 임대료는 높지 않지만, ② 최근 6개월간 소셜미디어 버즈량이 300% 폭증했으며, ③ 10년 이상 영업한 소규모 가게의 폐업률이 타 지역 대비 5배 높다는 점이다. AI의 통찰은 다음과 같다. "이 지역은 본격적인 임대료 급등이 발생하기 직전의 '임계점' 상태이다. 지금 개입하지 않으면 1년 내 돌이킬 수 없는 연쇄적 이주가 발생할 것이다." 이 조기 경보 지도를 통해 지자체는 해당 지역에 한정하여 '상생 협약 지원', '장기 안심 상가' 공급, '로컬 브랜딩 지원' 등 맞춤형 정책을 선제적으로 투입하여 젠트리피케이션의 부작용을 최소화하고 지속가능한 지역 발전을 도모할 수 있다.

5

"숨은 진주(저평가 부동산) 찾기: '이상치(Anomaly)'를 탐지하여 가성비 높은 투자 대상을 발굴한다."와 가상사례

5.1. 비지도 학습 기반의 이상치 탐지는 '정상'의 범주를 먼저 정의하고, 그 어디에도 속하지 않는 독특한 개체를 식별해내는 기술이다

대부분의 부동산은 주변과 비슷한 특성을 공유하며 일정한 패턴 안에 존재한다. 그러나 때로는 그 어떤 그룹에도 속하지 않는, 유독 튀는 존재들이 있다. 데이터의 세계에서 이들을 '이상치(Anomaly)' 또는 '특이점

(Outlier)'이라고 부른다. 과거에는 이러한 이상치들을 단순한 오류나 무시해도 좋은 예외로 취급하는 경우가 많았다. 하지만 AI 시대의 부동산 분석에서 이상치는 오류가 아닌, '숨은 진주'를 품고 있는 보물상자일 수 있다.

비지도 학습 기반의 이상치 탐지는 '정상'의 범주를 먼저 정의하고, 그 어디에도 속하지 않는 독특한 개체를 식별해내는 기술이다. 이는 마치 무리 생활을 하는 수천 마리의 양 떼 속에서, 홀로 다른 행동 패턴을 보이는 '특별한 양' 한 마리를 찾아내는 것과 같다. 이 특별한 양이 길을 잃은 것인지, 아니면 새로운 초원을 발견한 선구자인지를 밝혀내는 과정 속에서, 우리는 남들이 보지 못하는 새로운 투자 기회를 발견하게 된다.

5.2. 이상치 탐지의 핵심 원리

AI는 어떻게 데이터의 패턴을 거스르는 '숨은 진주'를 찾아내는가? 그 핵심은 '정상'을 정의하고, 그로부터의 '거리'를 측정하는 데 있다.

1단계: '정상'의 정의 - 군집화(Defining Normality via Clustering)

이상치를 찾기 위해서는 먼저 무엇이 '정상'인지 알아야 한다. AI 클러스터링 모델은 수만 개의 부동산 데이터를 학습하여 유사한 특성을 가진 것들끼리 묶어 몇 개의 주요 그룹(Cluster)을 형성한다. 예를 들어, '대단지 고층 아파트 그룹', '역세권 소형 오피스텔 그룹', '저층 빌라 그룹' 등이 이렇게 정의된 '정상'의 범주가 된다. 도시의 99% 부동산은 이 중 하나의 그룹에 속하게 된다.

2단계: '정상'으로부터의 이탈 탐지(Detecting Deviation from Normality)

AI는 이렇게 형성된 각 그룹의 중심으로부터 멀리 떨어져, 그 어떤 그룹에도 소속되기 어려운 데이터 포인트를 찾아낸다. 이러한 데이터들은 통계적으로 '정상' 그룹들과의 거리가 매우 멀어 '이상치'로 분류된다. 이들은 다른 부동산들과는 다른, 매우 독특하고 희귀한 특성의 조합을 가지고 있음을 의미한다.

3단계: 이상치의 해석 - '오류'인가, '기회'인가?(Interpreting Anomalies: Error or Opportunity?)

이상치가 발견되면, 가장 중요한 것은 그 원인을 분석하는 것이다. 단순한 데이터 입력 오류일 수도 있지만, 만약 데이터가 정확하다면 "왜 이 부동산은 다른 모든 부동산과 다른가?"라는 질문을 던져야 한다. 이 질문에 대한 답 속에 바로 남들이 발견하지 못한 투자 가치가 숨어있을 수 있다. AI는 그 이상치가 가진 독특한 특성 조합을 제시함으로써 심층 분석의 단초를 제공한다.

5.3. AI 예측 가상 사례

■ AI가 발견한 '숨은 진주 가상 사례 1: '쓸모없는 공장'으로 분류된 물류센터의 잠재력

(1) 시나리오: 한 자산운용사가 수도권 외곽의 공업 지역 부동산 데이터를 분석하여 투자 대상을 찾고 있다.

[현대건설 로그] 고마운 마음이 오가는 곳, 물류센터, https://m.hdec.kr/kr

(2) AI의 분석 과정:

- AI는 해당 지역의 공장 및 창고 1,000여 개의 데이터를 학습하여 '소규모 제조업 공장', '표준 규격 창고' 등 4개의 주요 군집을 형성한다.
- 이 과정에서 어떤 군집에도 속하지 않는 단 하나의 낡은 창고 건물이 '이상치'로 탐지된다.

(3) AI가 발견한 '숨은 진주':

탐지된 이상치는 ① 건물이 매우 노후화되었고, ② 주변에 편의시설이 전무하여 대부분의 지표에서 낮은 점수를 받았다. 그러나 AI는 이 건물이 가진 독특한 특성, 즉 ③ 이 지역에서 유일하게 층고가 15m 이상으로 매우 높고, ④ 최근 개통된 신규 고속도로 IC와 직선거리 500m에 위치한다는 점에 주목했다. AI의 분석 보고는 다음과 같다. "이 건물은 전통적인 창고나 공장의 기준으로는 '비정상'이다. 그러나 '높은 층고'와 '고속도로 접근성'이라는 두 가지 특성의 조합은, 차세대 자동화 물류 로봇을 운영하기 위한 최적의 조건을 만족시킨다." 이 분석을 바탕으로 자산운용사는 해당 부지를 저렴하게 매입하여 최첨단 스마트 물류센터로 개발했고, 이는 기존 가치 대비 5배 이상의 수익을 가져다주었다. 이상치는 '쓸모없는 건물'이 아닌 '미래형 자산'이었다.

■ AI가 발견한 '숨은 진주 가상 사례 2:
'나 홀로 아파트'의 숨겨진 사업 가치

(1) 시나리오: 한 소규모 부동산 개발사가 서울의 한 오래된 주거 지역에서 투자 기회를 찾고 있다.

(2) AI의 분석 과정:

- AI는 해당 지역의 아파트 및 빌라 3,000세대의 데이터를 학습하여 '대단지 아파트', '역세권 빌라' 등 5개의 군집을 도출한다.
- 이때, 30세대 규모의 5층짜리 '나 홀로 아파트' 한 동이 이상치로 식별된다.

(3) AI가 발견한 '숨은 진주':

이 아파트는 ① 엘리베이터가 없고, ② 세대 수가 적어 일반적인 아파트 군집에 속하지 못했다. 그러나 AI는 이 아파트만이 가진 희귀한 특성을 함께 제시했다. 바로 ③ 건축물대장상 '근린생활시설'로의 용도변경이 허가되어 있으며, ④ 인근 지역에서 유일하게 100평 규모의 공유 옥상정원을 보유하고 있다는 점이다. AI의 통찰은 다음과 같다. "주거용 부동산으로서 이 아파트는 경쟁력이 낮다. 그러나 '상업용 전환 가능성'과 '넓은 공유 공간'이라는 이상치 특성은, 1층을 트렌디한 카페로, 상층부를 공유 오피스 및 주거 공간으로 리모델링하는 '복합 문화 공간' 프로젝트에 최적화되어 있다." 개발사는 이 정보를 바탕으로 건물을 매입하여 새로운 콘셉트의 공간으로 재탄생시켰고, 이는 일반적인 주택 임대수익률의 3배에 달하는 높은 사업 수익으로 이어졌다. 이상치는 '낡은 아파트'가 아닌 '새로운 사업 기회'였던 것이다.

6

"도시의 숨겨진 건축 DNA: 건물의 외관, 건축 연도, 자재, 구조 등의 데이터를 통해 도시 전체의 건축 스타일을 유형별로 군집화하고, 도시의 미학적 지도를 새롭게 그린다."와 가상사례

6.1. 붉은 벽돌의 다세대 주택이 밀집한 골목, 전통과 현대가 뒤섞인 고궁 옆 동네. 이러한 도시의 미학적 정체성, 즉 '건축 DNA'를 데이터로 분석하고 유형별로 분류할 수 있다면 어떨까?

도시는 기능과 자본의 논리로만 움직이지 않는다. 모든 도시에는 그 도시만의 고유한 '경관'과 '미학'이 존재하며, 이는 건축물이라는 구체적인 형태로 발현된다. 붉은 벽돌의 다세대 주택이 밀집한 골목, 유리 커튼월로 뒤덮인 마천루의 거리, 전통과 현대가 뒤섞인 고궁 옆 동네. 이러한 도시의 미학적 정체성, 즉 '건축 DNA'를 데이터로 분석하고 유형별로 분류할 수 있다면 어떨까?

비지도 학습, 특히 컴퓨터 비전(Computer Vision)과 결합된 클러스터링은 이 환상적인 과제를 현실로 만든다. 이 기술은 '모더니즘', '포스트모더니즘'과 같은 인간이 미리 정의한 건축 사조를 넘어, 도시의 거리 풍경과 건축물 데이터를 있는 그대로 학습하여 유사한 스타일을 가진 건물들을 스스로 묶어낸다. 이를 통해 우리는 도시의 숨겨진 미학적 질서를 발견하고, 가격이나 용도 지도가 아닌, 도시의 영혼을 담은 새로운 '건축 스타일 지도'를 그려낼 수 있다.

6.2. 건축 DNA 탐색의 핵심 원리

AI는 어떻게 도시의 건축 스타일을 스스로 학습하고 분류하는가? 그 핵심은 이미지와 데이터를 통해 건물의 시각적, 물리적 특성을 정량화하고, 그 유사성에 기반해 그룹을 형성하는 데 있다.

1단계: 건축 데이터의 시각적·물리적 특성화

분석의 시작은 건물을 설명하는 모든 종류의 데이터를 수집하는 것이다. 컴퓨터 비전 기술을 이용해 지도 서비스의 스트리트뷰 이미지나 항공사진을 분석하여 건물 외관의 색상, 창문과 벽의 비율, 외장재(벽돌, 유리, 콘크리트 등)의 질감, 지붕의 형태 등 시각적 특성을 추출한다. 여기에 건축물대장의 건축 연도, 층수, 구조(철근콘크리트, 벽돌조 등)와 같은 물리적 데이터를 결합하여 각 건물에 대한 다차원적인 '건축 프로필'을 생성한다.

2단계: 유사성 기반의 건축 스타일 군집화

AI 클러스터링 모델은 수만 개 건물의 '건축 프로필'을 학습하여, 유사한 프로필을 가진 건물들을 하나의 군집(Cluster)으로 묶는다. 예를 들어, '1980년대에 지어졌고, 붉은 벽돌 외장재를 사용하며, 4층 이하의 높이에 작은 창문을 가진' 건물들은 하나의 군집으로 분류된다. 이 과정은 인간의 주관적 판단을 배제하고, 오직 데이터의 유사성에 기반하여 도시의 건축 스타일을 객관적으로 유형화한다.

3단계: 군집 해석 및 미학적 지도 제작

AI가 군집화를 완료하면, 각 군집이 어떤 건축적 특성을 공유하는지 분석하여 그 정체성을 정의한다. 예를 들어, 특정 군집은 '1980년대 적벽돌 빌라 군집'으로, 다른 군집은 '2010년대 이후 커튼월 오피스 군집'으로 명명할 수 있다. 이렇게 정의된 각 건축 스타일 군집을 지도 위에 각기 다른 색상으로 시각화 하면, 도시 전체의 건축 DNA 분포를 한눈에 파악할 수 있는 '미학적 지도(Aesthetic Map)'가 완성된다.

6.3. AI 예측 가상 사례

■ 가상 사례 1: 서울 북촌, '살아있는 한옥'의 DNA를 재발견하다

(1) **시나리오:** 한 도시재생 연구소가 전통 한옥 보존 정책을 넘어, 북촌과 서촌 일대의 독특한 경관적 가치를 데이터로 증명하고, 이를 기반으로 한 새로운 디자인 가이드라인을 수립하고자 한다.

(2) **AI의 분석 과정:**

- 북촌 일대 건물 2,000여 동의 스트리트뷰 이미지와 건축물대장 데이터를 학습시킨다. AI는 기와지붕, 목재 기둥, 처마선과 같은 '전통적 특징'과 통유리창, 노출 콘크리트, 현대적 간판 등 '현대적 특징'을 모두 정량화한다.
- 클러스터링 결과, 4개의 주요 건축 스타일 군집을 도출한다.

(3) **AI가 발견한 북촌의 건축 DNA:**

분석 결과, '전통 한옥 보존 군집'과 '현대 다세대주택 군집' 외에, 매우 흥미로운 세 번째 군집, '한옥 진화형 하이브리드 군집'이 발견된다. 이 군집의 특징은 ① 전통적인 한옥의 골격과 지붕선은 유지하면서, ② 벽면의 상당 부분을 통유리로 대체하고, ③ 내부는 현대적인 상업 공간으로 활용한다는 점이다. 미학적 지도는 이 '하이브리드 군집'이 특정 골목을 따라 집중적으로 분포하며, 관광객의 동선 및 SNS 버즈량과 강한 상관관계를 보임을 보여준다. 이는 북

촌의 진짜 매력이 단순히 오래된 한옥이 아니라, 전통과 현대가 공존하며 끊임없이 진화하는 '살아있는 건축'에 있음을 데이터로 증명한다. 연구소는 이 결과를 바탕으로, 무조건적인 원형 보존이 아닌 '조화로운 변화'를 유도하는 새로운 디자인 정책을 제안할 수 있다.

북촌 한옥 마을 리노베이션 건축물_설화수의 집 https://so-architecture.tistory.com

■ 가상 사례 2: '뉴트로(New-tro)' 상권의 건축적 패턴을 찾아내다

(1) **시나리오:** 한 상업용 부동산 투자사가 제2의 을지로, 성수동처럼 '뉴트로' 감성을 기반으로 성장할 잠재력 있는 상권을 선제적으로 발굴하고자 한다.

(2) **AI의 분석 과정:**

- 서울의 오래된 도심 지역을 대상으로 '1970-90년대 건축물 비율', '노출 콘크리트 및 적벽돌 사용 빈도', '낮은 층수(5층 이하)', '좁은 도로 폭' 등 뉴트로 감성과 관련된 건축 및 도시 구조 데이터를 학습시킨다.
- AI는 유사한 건축적 환경을 가진 지역들을 하나의 군집으로 묶는다.

(3) **AI가 찾아낸 미래의 '힙플레이스':**

클러스터링 결과, '고밀도 저층 공업-상업 혼합 군집'이라는 독특한 유형이 도출된다. 이 군집의 특징은 ①오래된 산업 시설과 낡은 상업 건물이 불규칙하게 혼재하며, ②미로처럼 좁은 골목길을 가지고 있다는 점이다. 놀랍게도 이 군집에는 이미 '힙플레이스'로 자리 잡은 을지로3가, 성수동 연무장길 뿐만 아니라, 아직 주목받지 못한 종로3가 귀금속 상가 뒷골목과 동대문 문구 완구 거리 인근이 함께 포함되어 있었다. AI는 이 지역들이 '뉴트로 상권으로 발전할 수 있는 동일한 건축적 DNA'를 공유하고 있음을 밝혀낸 것이다. 투자사는 이 미학적 지도를 통해, 임대료가 급등하기 전의 잠재력 있는 지역을 데이터에 기반하여 식별하고 선점 투자 전략을 수립할 수 있다.

7

"젠트리피케이션의 전조 증상 포착: 특정 지역의 임대료 상승률, 소셜미디어 언급량 변화, 특정 업종의 증가 등 미세한 데이터 변화를 감지"와 가상사례

7.1. AI, 도시의 젠트리피케이션(Gentrification)과 같은 미세한 신호를 감지하다

젠트리피케이션(Gentrification)은 낡은 도심이 활기를 되찾는 긍정적 현상인 동시에, 그 과정에서 원주민과 영세 상인이 비자발적으로 내몰리는 사회적 문제를 동반한다. 이 현상은 한번 시작되면 거대한 파도처럼 걷잡을 수 없이 진행되는 경향이 있다. 만약 이 거대한 파도가 밀려오기 전, 수면의 미세한 떨림, 즉 '젠트리피케이션의 전조 증상'을 미리 감지할 수 있다면 어떨까? 이는 도시 정책 입안자들이 선제적으로 대응하여 상생의 해법을 모색할 결정적인 기회를 제공할 것이다.

비지도 학습, 특히 이상치 탐지(Anomaly Detection)와 클러스터링은 도시의 미세한 변화를 포착하는 고성능 '지진계'와 같다. 이 기술은 '임대료 급등'이라는 명백한 결과가 나타나기 전, 소셜미디어 언급량의 미묘한 변화, 특정 업종의 조용한 증가, 임대 계약 형태의 변화 등 데이터의 표면 아래에서 일어나는 작은 균열들을 감지한다. 이를 통해 우리는 젠트리피케이션의 초기 단계를 식별하고, 문제가 심화되기 전에 개입할 수 있는 과학적 근거를 확보하게 된다.

7.2. 전조 증상 포착의 핵심 원리

AI는 어떻게 젠트리피케이션의 초기 신호를 감지하는가? 그 핵심은 여러 데이터 소스에서 나타나는 '평소와 다른 패턴', 즉 이상 신호를 종합적으로 분석하는 데 있다.

1단계: 변화 감지를 위한 동적 데이터 구축

분석의 핵심은 정적인 데이터가 아닌, '변화율'과 '증가율'에 초점을 맞춘 동적 데이터를 구축하는 것이다. '평균 임대료 상승률', '소셜미디어(SNS) 언급량 증가율', '특정 업종(예: 독립서점, 디자인 스튜디오, 스페셜티 커피)의 신규 사업자 등록 건수', '단기 임대 플랫폼(예: 에어비앤비) 등록 건수', '소규모 건축물 리모델링 허가 건수' 등 젠트리피케이션의 초기 단계를 암시할 수 있는 다양한 변화량 데이터를 수집한다.

2단계: '정상 패턴'으로부터의 이탈 탐지

AI 이상치 탐지 모델은 특정 지역의 과거 데이터 패턴을 '정상 상태'로 학습한다. 그 후, 새로운 데이터가 이 정상 범주에서 통계적으로 얼마나 벗어나는지를 지속적으로 감시한다. 예를 들어, 한 지역의 임대료 상승률, SNS 언급량, 특정 업종 증가율이 과거 5년간의 평균적인 변동 범위를 동시에 벗어나는 이례적인 상황이 발생하면, AI는 이를 유의미한 '이상 신호'로 탐지한다.

3단계: 이상 신호의 해석 및 조기 경보

AI는 단순히 이상 신호를 탐지하는 것을 넘어, "무엇이 이 신호를 유발했는가?"를 분석하여 그 원인을 제시한다. 만약 이상 신호의 주요 원인이 'SNS 버즈량 폭증'과 '문화 관련 업종의 증가'라면, 이는 '문화 주도형 젠트리피케이션 1단계'로 해석될 수 있다. 이러한 분석 결과는 정책 결정자에게 막연한 불안감이 아닌, 데이터에 기반한 구체적인 '조기 경보'를 제공한다.

7.3. AI 예측 가상 사례

■ 젠트리피케이션 감지 가상 사례 1:
'인스타그램 지수'로 문화적 젠트리피케이션의 시작을 포착하다

동네 단골손님 끌어모은다! 골목상권 살리는 가을행사 모음 | 서울시
https://mediahub.seoul.go.kr

(1) 시나리오: 한 지자체가 지역 고유의 특성을 간직한 오래된 골목 상권을 보호하고, 급격한 임대료 상승을 막기 위한 선제적 지원책을 마련하고자 한다.

(2) AI의 분석 과정:

- 관내 여러 지역을 대상으로 최근 1년간의 월별 '인스타그램 해시태그(#) 언급량 증가율', '블로그 포스팅 증가율', 그리고 '독립서점, 갤러리, 디자인 소품샵'의 신규 등록 건수 데이터를 학습시킨다.
- 분석 결과, 특정 지역인 '나비 골목'에서 다른 모든 지역과 구별되는 뚜렷한 이상 패턴이 탐지된다.

(3) AI가 감지한 미세한 균열:

'나비 골목'은 지난 1년간 평균 임대료 상승률이 2%로 안정적이었다. 그러나 AI는 수면 아래의 변화를 포착했다. ①최근 3개월간 인스타그램 해시태그 언급량이 400% 폭증했으며, ②지도 앱의 '저장하기' 클릭 수가 10배 증가했고, ③반경 200m 내에 5개의 디자인 소품샵과 3개의 스페셜티 카페가 신규 등록되었다. AI의 결론은 다음과 같다. "이 지역은 현재 '상업적 젠트리피케이션 0단계' 상태이다. 아직 임대료에는 본격적으로 반영되지 않았으나, 온라인상의 폭발적인 관심과 문화 선도 업종의 유입은 6개월 내 임대료 급등으로 이어질 명백한 전조 증상이다." 지자체는 이 조기 경보를 바탕으로 '장기 안심 상가' 프로그램을 해당 지역에 우선 도입하여 기존 상인들을 보호하는 정책을 펼 수 있다.

■ AI가 발견한 위험 신호 가상 사례 2:
임대차 계약 데이터로 '조용한 축출'의 위험을 감지하다

(1) 시나리오: 한 주거권 단체가 저소득층 주거 밀집 지역에서 발생할 수 있는 비자발적 이주(Displacement) 위험을 사전에 파악하여 법률 지원을 제공하고자 한다.

(2) AI의 분석 과정:

- 특정 지역의 확정일자 데이터를 기반으로 '평균 계약 갱신율', '신규 계약 시 평균 임대료 상승률', '단기(1년) 계약 비율', '전세의 월세 전환율' 등의 데이터를 분석한다.
- 클러스터링을 통해 유사한 임대차 패턴을 가진 지역들을 그룹화하던 중, 기존에 없던 새로운 유형의 군집이 형성되는 것을 발견한다.

(3) AI가 발견한 위험 신호:

새롭게 형성된 '불안정 주거 전환 군집'의 특징은 다음과 같다. ① 평균 임대료는 크게 오르지 않았지만, ② 기존 세입자의 계약 갱신율이 과거 80%에서 50%로 급감했으며, ③ 신규 계약의 70%가 1년짜리 단기 계약으로 채워지고, ④ 신규 계약 시에만 임대료를 15% 이상 높게 받는 '이중 가격' 현상이 나타난다. AI는 이 군집이 '조용한 축출(Silent Eviction)'이 진행 중인 지역임을 시사한다고 분석한다. "집주인들은 기존 세입자를 의도적으로 내보내고, 단기 계약을 통해 새로운 세입자에게 임대료를 올려 받으며 시장의 반응을 테스트하고 있다. 이는 대규모 재개발 없이도 저소득층 주거지가 점진적으로 해체되는 과정의 시작이다." 이 분석 지도를 통해 주거권 단체는 법률 지원이 가장 시급한 지역을 정확히 식별하고, 해당 지역 주민들을 위한 맞춤형 대응 전략을 수립할 수 있다

주제 4

강화학습(Reinforcement Learning)을 활용한 부동산 투자 전략

1

도시부동산 가치 평가에서 강화 학습의 목표, 작동원리 및 기술, 역할, 장단점, 도시부동산 활용예시

구분	내용
목표	정해진 '정답' 없이, 에이전트(Agent)가 특정 환경(Environment) 내에서 스스로 행동하며 '보상(Reward)'을 최대화하는 최적의 행동 전략(Policy)을 학습하는 것이다. 이는 마치 체스나 바둑을 두는 AI처럼, 수많은 시뮬레이션을 통해 이기는 법을 스스로 터득하는 과정과 같다. 최종 목표는 장기적으로 가장 큰 누적 보상을 얻는 것이다.
작동 원리 및 기술	원리: ①에이전트(예: AI 부동산 개발자)가 ②환경(예: 가상의 도시부동산 시장)의 ③상태(State)(예: 현재 토지 가격, 금리, 경쟁 상황)를 관찰한다. ④이를 바탕으로 가능한 행동(Action)(예: 토지 매입, 관망, 설계 변경) 중 하나를 선택하여 실행한다. ⑤환경은 그 행동에 대한 보상(Reward)(예: 이익 증가, 손실 발생)과 변화된 다음 상태를 에이전트에게 전달한다. 이 과정을 수없이 반복하며 에이전트는 어떤 상태에서 어떤 행동을 해야 가장 큰 보상을 얻는지 학습한다. 주요 기술: • Q-러닝(Q-Learning): 특정 상태에서 특정 행동을 했을 때 미래에 얻을 총 보상의 기댓값(Q-value)을 학습하여 최적의 행동을 결정한다. • 심층 Q-네트워크(Deep Q-Network, DQN): 신경망을 이용해 Q-러닝을 수행하는 방식으로, 매우 복잡하고 다양한 상태와 행동을 처리할 수 있다.

역할	데이터의 패턴을 분석하는 '분석가'를 넘어, 주어진 환경 속에서 최적의 의사결정을 연속적으로 내리는 'AI 전략가(AI Strategist)' 또는 'AI 플레이어(AI Player)'의 역할을 한다. "이 땅을 살까, 말까?"부터 "언제, 얼마에 팔아야 하는가?"까지, 장기적인 목표 달성을 위한 최적의 행동 순서를 찾아낸다.
장단점	장점: • 동적 환경 대응: 시장 상황이 계속 변하는 복잡하고 동적인 문제 해결에 매우 강력하다. • 최적 전략 탐색: 인간이 미처 생각지 못한, 장기적인 관점의 창의적인 최적 전략을 발견할 수 있다. • 명확한 정답 불필요: '정답' 데이터 없이 보상 시스템만 잘 설계하면 스스로 학습이 가능하다. 단점: • 시뮬레이션 환경 필수: AI가 마음껏 시도하고 실패하며 배울 수 있는 정교한 가상 환경(시뮬레이터) 구축이 선행되어야 한다. • 높은 학습 비용: 최적의 전략을 찾기까지 수백만 번 이상의 시뮬레이션이 필요하여 막대한 계산 자원과 시간이 소요된다. • 보상 설계의 어려움: 장기적인 목표를 달성하도록 이끄는 적절한 보상 함수를 설계하는 것이 매우 어렵고 중요하다.
도시 부동산 활용 예시	• AI 부동산 개발 에이전트: 가상의 도시에서 AI 에이전트가 토지 매입, 용적률 협상, 설계, 시공사 선정, 분양가 책정, 매각 타이밍까지 모든 의사결정을 스스로 내리며 10년 후 '최대 개발 이익'이라는 목표를 달성하는 최적의 프로젝트 진행 전략을 학습한다. • 동적 임대료 책정 시스템: AI 에이전트가 오피스 빌딩의 임대료를 관리한다. 주변 공실률, 경기 지표, 잠재 임차인의 문의량 등 실시간 시장 '상태'에 따라 임대료를 미세 조정하는 '행동'을 취하며, 1년 '총 임대수익'이라는 '보상'을 극대화하는 최적의 가격 정책을 찾아낸다. • 도시 재개발 최적화: 특정 쇠퇴 지역에서 AI 에이전트가 공공 예산을 투입하여 공원 조성, 도로 확충, 용도지역 변경 등 다양한 정책 '행동'을 시뮬레이션한다. 각 행동이 '지역 내 고용 증가', '범죄율 감소', '주민 만족도 상승'이라는 '보상'에 미치는 영향을 학습하여, 최소 비용으로 최대의 도시재생 효과를 내는 최적의 정책 조합과 순서를 도출한다.

2

"최적의 도시부동산 포트폴리오 구축"과 가상사례

2.1. AI, 투자의 신의 한 수를 찾다

성공적인 부동산 투자는 단순히 좋은 자산 하나를 사는 행위에서 끝나지 않는다. 그것은 오피스, 상가, 주택, 물류센터 등 각기 다른 성격의 자산들을 어떻게 조합하고, 시장 상황의 변화에 따라 어떻게 비중을 조절하며, 언제 사고 팔지를 결정하는 연속적인 의사결정의 예술이다. 즉, 위험을 관리하고 장기 수익을 극대화하는 최적의 '포트폴리오(Portfolio)'를 구축하고 운영하는 것이다. 만약 이 복잡한 게임에서 항상 최적의 수를 두는 AI 플레이어가 있다면 어떨까?

지도 학습과 비지도 학습이 데이터 속에서 패턴과 구조를 '발견'하는 분석가라면, "강화 학습(Reinforcement Learning)"은 한 걸음 더 나아가, 주어진 환경 속에서 직접 행동하며 최적의 전략을 '학습'하는 AI 전략가이다. AI는 가상의 부동산 시장이라는 체스판 위에서 수백만 번의 게임을 시뮬레이션 하며, 장기적으로 가장 높은 수익이라는 보상을 얻기 위한 최적의 포트폴리오 운용 전략, 즉 '투자의 신의 한 수'를 스스로 터득한다.

2.2. 최적 포트폴리오 구축의 핵심 원리

AI 포트폴리오 매니저는 어떻게 최적의 투자 전략을 학습하는가? 그 과정은 가상의 시장 환경 속에서 끝없는 시행착오를 통해 보상을 최대화하는 규칙을 찾아내는 것이다.

1단계: 환경, 에이전트, 그리고 보상의 정의

강화 학습의 첫걸음은 게임의 판을 짜는 것이다. "환경(Environment)"은 금리, 경제성장률, 정책 변화에 따라 부동산 가격과 임대료가 끊임없이 변동하는 정교한 '가상 부동산 시장 시뮬레이터'이다. "에이전트(Agent)"는 이 환경 속에서 자산을 운용하는 'AI 포트폴리오 매니저'이다. 에이전트의 모든 행동에는 "보상(Reward)"이 따른다. 임대 수익이 발생하면 플러스(+) 보상을, 자산 가격이 하락하거나 거래 비용이 발생하면 마이너스(-) 보상을 받는다. 에이전트의 유일한 목표는 정해진 기간 동안 이 누적 보상을 최대화하는 것이다.

2단계: 상태 관찰과 행동 선택(State, Action)

에이전트는 매 순간 시장과 자신의 포트폴리오 '상태(State)'를 관찰한다.(예: '현금 100억 원, 강남 오피스 보유, 시장 금리 4%인 상태'). 그리고 이 상태에서 자신이 할 수 있는 여러 행동(Action) 중 하나를 선택한다.(예: 'A 물류센터 매입', 'B 주상복합 매각', '보유 자산 관망').

3단계: 수백만 번의 시뮬레이션을 통한 전략 학습

처음에 에이전트의 행동은 무작위적이다. 그러나 행동과 그에 따른 보상을 경험하는 과정이 수백만 번 반복되면서, 에이전트는 어떤 상태에서 어떤 행동을 하는 것이 장기적으로 가장 유리한지를 점차 학습한다. 예를 들어, '금리 상승기에는 오피스 자산 비중을 줄이고 현금을 확보하는 행동'이 더 높은 누적 보상을 가져온다는 것을 스스로 깨닫는다. 이 학습 과정을 통해, 인간의 직관이나 편견을 넘어선 데이터 기반의 최적 포트폴리오 운용 전략(Policy)이 탄생한다.

2.3. AI 예측 가상 사례

■ 'AI 연기금 매니저'가상 사례 1: 안정성을 추구하는 'AI 연기금 매니저'

[All in AI] 1만6천개 AI 매니저가 퇴직연금 관리
https://www.google.com/search?

(1) 시나리오: 한 연기금이 1조 원의 자산을 부동산에 투자하여, 향후 20년간 연평균 6%의 안정적인 수익률 달성을 목표로 한다. 변동성은 최소화해야 한다.

(2) AI의 학습 과정:

- AI 에이전트의 보상 함수는 '안정적인 임대 수익'에 높은 플러스(+) 점수를, '자산 가격의 급격한 변동'에 큰 마이너스(-) 점수를 주도록 설계된다.
- 초기 시뮬레이션에서 AI는 단기 차익을 노리고 신도시 상가를 매입했다가, 높은 공실률로 인해 큰 손실을 경험하며 마이너스 보상을 받는다.
- 수십만 번의 시뮬레이션을 거치며, AI는 단일 자산의 수익률보다 여러 자산 간의 '상관관계'를 고려하여 위험을 분산시키는 것이 누적 보상을 극대화하는 길임을 학습한다.

(3) AI가 도출한 최적 포트폴리오 전략:

AI는 20년간의 시뮬레이션 끝에 다음과 같은 최적 포트폴리오 배분 및 운용 전략을 제시한다. "초기 자산은 서울 중심업무지구(CBD) 프라임 오피스 40%, 수도권 저온 물류센터 30%, 강남권 고급 임대주택 20%, 수도권 데이터센터 10%로 구성한다." 더 나아가, AI는 다음과 같은 동적 리밸런싱 규칙을 스스로 학습한다. "만약 오피스 자산의 가격이 과거 추세선 대비 15% 이상 고평가되는 상태가 되면, 보유 지분의 20%를 매각(행동)하고, 그 수익으로 저평가된 물류센터를 추가 매입(행동)하라." 이 전략을 통해 AI 포트폴리오는 목표 수익률 6%를 초과하는 연평균 6.8%의 수익을 달성했으며, 변동성은 시장 평균의 절반 수준으로 관리하는 데 성공한다.

■ '공격적인 AI 개발자'가상 사례 2: 고수익을 노리는 '공격적인 AI 개발자'

(1) 시나리오: 한 자산운용사가 500억 원의 자금으로 5년 내에 내부수익률(IRR)을 20% 이상 달성하는 '가치부가(Value-add)' 전략을 추구한다.

(2) AI의 학습 과정:

- 보상 함수는 '최종 매각 시점의 총자산가치'에 가장 큰 가중치를 둔다. AI는 리스크를 감수하더라도 높은 자본 차익을 추구하도록 장려된다.
- AI는 '노후 건물 매입→리모델링→임차인 교체→매각'으로 이어지는 수만 가지의 프로젝트 시나리오를 시뮬레이션 한다.

(3) AI가 발견한 최적의 개발 방정식:

AI는 이미 비싸진 강남 대신, 특정 지역(예: 3년 전의 문래동)의 잠재력에 주목한다. AI가 발견한 최적의 행동 순서는 다음과 같다.

(Year 1) 문래동의 낡은 철공소를 100억 원에 매입한다.
(Year 1-2) 30억 원을 투입하여 건물의 원형을 살리면서도 내부를 트렌디한 F&B 및 전시장으로 리모델링한다.
(Year 2-3) 단기 수익을 포기하고, 유명 갤러리와 베이커리를 1년 간 무상 임대(행동)시켜 건물의 '문화적 가치'와 '인지도'를 극대화한다. 이 행동은 단기적으로는 마이너스 보상이지만, 장기적으로는 더 큰 플러스 보상을 위한 초석임을 학습한다.
(Year 4-5) 높아진 인지도를 바탕으로 우량 임차인을 유치하고 임대료를 현실화한다. 주변 지가가 동반 상승한 5년 차에 건물을 300억 원에 매각(행동)한다. 이 전략을 통해 AI는 목표를 초과하는 28%의 IRR을 달성한다. 핵심은 인간이라면 쉽게 결정하기 어려운 '전략적 무상 임대'라는 창의적인 수를 데이터 기반으로 찾아냈다는 점이다.

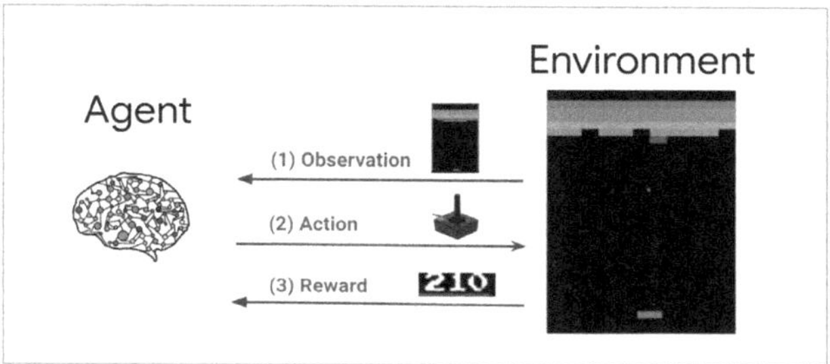

https://daddynkidsmakers.blogspot.com

3

"보상 함수로 배우는 스마트 도시부동산 투자 전략"과 가상사례

3.1. 보상 함수는 AI의 스승이자 나침반이다. "안정적인 수익을 추구하라" 또는 "위험을 감수하고 고수익을 노려라"와 같은 추상적인 투자 목표를, AI가 이해할 수 있는 구체적인 점수 시스템으로 번역하는 과정이 바로 보상 함수 설계의 핵심이다.

강화 학습 AI가 어떻게 인간을 뛰어넘는 투자 전략을 학습할 수 있는가? 그 비밀은 바로 '보상 함수(Reward Function)'에 있다. 보상 함수란 AI 에이전트의 모든 행동에 대해 '잘했다' 또는 '잘못했다'를 알려주는 규칙이자, 게임의 목표 그 자체이다. AI는 이 보상 함수가 주는 점수를 최대한 많이 얻기 위해 수백만 번의 시행착오를 거치며 스스로 최적의 전략을 구축한다.

즉, 보상 함수는 AI의 스승이자 나침반이다. "안정적인 수익을 추구하라" 또는 "위험을 감수하고 고수익을 노려라"와 같은 추상적인 투자 목표를, AI가 이해할 수 있는 구체적인 점수 시스템으로 번역하는 과정이 바로 보상 함수 설계의 핵심이다. 따라서 어떤 보상 함수를 설계하는가에 따라 AI는 보수적인 연기금 매니저가 되기도 하고, 공격적인 벤처 투자가가 되기도 한다.

3.2. 보상 함수 설계의 핵심 원리

AI의 투자 철학은 어떻게 코드로 구현되는가? 그 과정은 목표를 정의하고, 행동에 대한 상과 벌을 설계하며, AI가 스스로 배우도록 하는 것이다.

1단계: 투자 목표의 수학적 정의

가장 먼저 '무엇을 성공적인 투자로 볼 것인가'를 정의해야 한다. 예를 들어, '안정적인 장기 성장'이 목표라면 보상 함수는 꾸준한 임대 수익과 낮은 자산 가격 변동성에 높은 가중치를 둔다. 반면, '단기 고수익'이 목표라면 최종 매각 시점의 자본 이득(Capital Gain)에 가장 큰 보상을 부여한다. 이처럼 투자 철학을 구체적인 수학 공식으로 전환하는 것이 첫 단계이다.

2단계: 행동에 대한 보상 및 페널티 시스템 설계

정의된 목표에 따라 AI 에이전트의 모든 행동과 그 결과에 대한 점수(보상)를 매긴다.

보상(+): 임대 수익 발생, 자산 가치 상승, 성공적인 매각으로 인한 이익 실현, 공실률 감소 등 목표에 부합하는 모든 긍정적인 결과에 플러스 점수를 부여한다.

페널티(-): 거래 비용 발생, 자산 가치 하락, 공실 발생, 과도한 위험 감수 등 목표에 반하는 모든 부정적인 결과에 마이너스 점수를 부여한다.

3단계: 반복 학습을 통한 최적 전략의 진화

AI 에이전트는 이 보상 시스템 안에서 수백만 번의 가상 투자를 반복한다. 처음에는 무작위로 행동하지만, 점차 어떤 행동이 누적 보상을 극대화하는지를 통계적으로 학습한다. 이 과정에서 인간의 직관을 뛰어넘는, 데이터 기반의 정교하고 창의적인 투자 전략이 스스로 진화하게 된다.

3.3. AI 예측 가상 사례

■ 가상 사례 1: 'ESG 경영'을 학습한 AI 펀드매니저

(1) **시나리오:** 한 공공 연기금이 단순한 수익률을 넘어, 환경(Environment), 사회(Social), 지배구조(Governance)를 중시하는 'ESG 투자'를 목표로 하는 부동산 포트폴리오를 구축하고자 한다.

(2) **보상 함수 설계:**

- 기본 보상: 안정적인 임대 수익 및 자산 가치 상승에(+) 보상.
- ESG 특별 보상(+): 친환경 건축물 인증(LEED 등)을 획득한 자산 매입 시 높은 보너스 점수. 에너지 효율 개선 리모델링 성공 시 추가 보너스. 사회적 기업이나 청년 창업가에게 저렴하게 임대할 경우 보너스.
- ESG 페널티(-): 에너지 소비량이 많은 노후 건물 보유 시 지속적인 페널티. 젠트리피케이션 유발 가능성이 높은 지역에 투자 시 높은 페널티.

(3) **AI가 학습한 최적의 ESG 투자 전략:**

AI는 단기 수익률이 높은 재개발 프로젝트라도, 원주민 이주 문제(사회적 페널티)를 유발할 경우 투자를 기피하는 패턴을 보인다. 대신, 도심의 B급 오피스를 매입하여 50억 원을 들여 친환경 리모델링을 하는 전략을 최적으로 판단한다. 이 행동은 초기 비용(페널티)이 크지만, ① 정부의 친환경 보조금(보상), ② 에너지 비용 절감(보상), ③ 글로벌 기업들의 ESG 책임에 따른 우량 임차인 유치 성공(높은 보상)으로 인해 10년 후 누적 보상이 훨씬 높다는 것을 수만 번의 시뮬레이션 끝에 학습한다. AI는 "수익률 뿐만 아니라 사회

적 책임까지 고려하는 것이 장기적으로 더 안정적이고 높은 총보상을 가져온다"는 사실을 데이터로 증명한다.

■ 가상 사례 2: '지역 활성화'를 목표로 하는 AI 도시재생 전문가

(1) 시나리오: 한 지자체가 쇠퇴한 구도심 지역의 활성화를 목표로, 최소한의 예산으로 최대의 효과를 내는 최적의 도시재생 프로젝트 순서를 찾고자 한다.

(2) 보상 함수 설계:

- 궁극적 보상: '지역 내 청년 인구 순유입'과 '신규 창업 점포 수' 증가에 가장 큰(+) 보상.
- 행동 비용: 공원 조성, 도로 확충, 공공임대상가 조성 등 각 정책 실행 시 소요되는 예산을(-) 페널티로 적용.
- 중간 보상: 유동인구 증가, SNS 버즈량 증가 등 활성화 전조 증상에 작은(+) 보상.

(3) AI가 발견한 최적의 도시재생 시나리오:

AI는 제한된 예산(페널티) 때문에 대규모 공원 조성이나 도로 확충 같은 값비싼 정책부터 시작하는 것이 비효율적임을 학습한다. 대신, 다음과 같은 의외의 최적 전략을 도출한다.

(1단계) 가장 적은 예산으로 '낡은 창고 건물을 리모델링하여 청년 창업 지원센터를 조성'하는 행동을 선택한다.

(2단계) 이로 인해 소수의 청년 창업가들이 유입(작은 보상)되고, SNS 버즈량이 증가(작은 보상)하는 것을 확인한다.

(3단계) 증가한 유동인구를 바탕으로 민간 투자 유치가 용이해진 상태에서, '민관 협력(PFI) 방식으로 보행자 전용도로를 조성'하는 행동을 선택한다.

(4단계) 최종적으로 높아진 지역 매력도 덕분에 청년 인구가 크게 순유입(큰 보상)되고, 신규 창업이 활성화(큰 보상)된다. AI는 "초기에 비용이 적게 드는 '사람을 모으는 앵커 시설'을 먼저 투입하여 지역의 잠재력을 끌어올린 뒤, 이를 지렛대 삼아 더 큰 투자를 유치하는 것이 가장 효율적"이라는, 유기적인 도시재생의 최적 해법을 스스로 찾아낸다.

4

"변동성 높은 도시부동산 시장에서의 '학습 기반' 의사결정"과 가상사례

4.1. 강화 학습 AI는 "시장이 어떻게 될 것인가?"를 묻는 대신, "지금과 같은 불확실한 상황에서, 나의 장기적 목표를 위해 취할 수 있는 최선의 행동은 무엇인가?"를 묻는다.

도시부동산 시장은 예측 불가능한 변수들로 가득하다. 갑작스러운 금리 인상, 예기치 못한 정부 규제, 글로벌 경제 위기 등 시장의 방향을 한 순간에 뒤바꾸는 사건들은 끊임없이 발생한다. 이러한 극심한 변동성 속에서 인간 투자자는 종종 공포에 팔거나 탐욕에 휩쓸리는 실수를 저지른다. 그렇다면 만약 감정 없이, 오직 데이터와 수백만 번의 가상 훈련을 통해 어떤 상황에서도 최적의 수를 두도록 학습된 AI가 있다면 어떨까?

강화 학습은 미래를 예측하는 '점쟁이'가 아니다. 오히려, 어떤 파도가 닥쳐도 침몰하지 않고 목표를 향해 나아가는 법을 스스로 터득한 '백전노장 캡틴'에 가깝다. 강화 학습 AI는 "시장이 어떻게 될 것인가?"를 묻는 대신, "지금과 같은 불확실한 상황에서, 나의 장기적 목표를 위해 취할 수 있는 최선의 행동은 무엇인가?"를 묻는다. 이는 변동성을 위협이 아닌, 학습과 적응의 기회로 삼는 새로운 차원의 의사결정 패러다임을 제시한다.

4.2. 학습 기반 의사결정의 핵심 원리

AI는 어떻게 혼돈 속에서 질서를 배우는가? 그 과정은 정교한 가상 세계에서 끝없는 실패와 성공을 경험하며 최적의 생존 및 성장 전략을 체득하는 것이다.

1단계: 현실보다 더 현실 같은 가상 시장의 구축

AI의 훈련장은 실제 시장의 변동성을 그대로, 혹은 그 이상으로 반영하는 정교한 '가상 시장 시뮬레이터'이다. 이 시뮬레이터 안에는 과거의 경제 위기, 부동산 버블 붕괴, 급격한 정책 변화 등 일어날 수 있는 모든 종류의 시나리오가 내장되어 있다. AI 에이전트는 이 가상 세계 속에서 파산의 위험을 무릅쓰고 수없이 많은 의사결정을 내리며 훈련한다.

2단계: 적응적 행동 전략의 학습

AI는 '금리가 오르면 무조건 팔아라'와 같은 고정된 규칙을 배우지 않는다. 대신, 현재 시장 상황(State)에 따라 어떤 행동(Action)을 할지에 대한 유연하고 확률적인 '전략(Policy)'을 학습한다. 예를 들어, '시장의 불확실성이 극도로 높은 상태'에서는 '자산의 10%를 매각하여 현금을 확보하는 행동'이 70%의 확률로 최선이고, '관망하는 행동'이 30%의 확률로 차선이라는 식의 정교한 전략을 구축한다.

3단계: 시행착오와 보상을 통한 전략의 강화

AI는 수백만 번의 가상 투자 시뮬레이션을 통해 자신의 행동이 어떤 결과를 낳는지 경험한다. 시장 붕괴 직전에 자산을 매각하여 위기를 피했을 때(높은 보상), AI는 그 직전의 시장 상황과 자신의 행동을 긍정적으로 연결하며 해당 전략을 강화한다. 반대로, 성급한 투자로 큰 손실을 봤을 때(높은 페널티), AI는 그 행동을 실패로 규정하고 다시는 반복하지 않도록 학습한다. 이 끝없는 담금질을 통해 AI의 전략은 점차 정교해지고, 어떤 위기 상황에서도 흔들리지 않는 최적의 의사결정 모델로 진화한다.

4.3. AI 예측 가상 사례

■ AI가 학습한 최적의 위기관리 전략 가상 사례:
'시장 붕괴 생존자' AI 펀드매니저

(1) 시나리오: 한 AI 에이전트가 1,000억 원의 부동산 펀드를 운용하며, 10년 동안 '원금 손실 최소화'를 최우선 목표로, '안정적 자산 증대'를 차선 목표로 설정한다. 가상 시장에는 3년 차에 예기치 못한 글로벌 금융 위기가 발생하는 시나리오가 포함되어 있다.

The Role of AI And Automation In Residential Property Management
https://vocal.media/

(2) **보상 함수 설계:** 펀드 가치가 원금의 80% 이하로 떨어질 경우 매우 큰 페널티(-)를, 안정적인 수익률을 유지할 경우 꾸준한 보상(+)을 부여한다.

(3) **AI가 학습한 최적의 위기관리 전략:**

(1-2년 차: 안정기) AI는 고위험 자산을 피하고, 프라임 오피스와 물류센터 중심의 안정적인 포트폴리오를 구축한다.

(3년 차: 위기 전조) AI는 시장 붕괴를 예측하지는 못한다. 다만, '거래량이 비정상적으로 급증하고 변동성이 커지는 상태'에서는 '현금 비중을 점진적으로 늘리는 행동'이 장기적으로 가장 높은 누적 보상을 가져온다는 것을 과거 수만 번의 실패 경험을 통해 학습했다. 이에 따라 AI는 보유 자산의 20%를 선제적으로 매각하여 현금을 확보한다.

(3년 차 하반기: 위기 발생) 시장이 40% 폭락하자, 경쟁 펀드들은 파산하지만 AI 펀드는 -15%의 손실로 방어에 성공한다.

(4년 차: 회복기) '모두가 공포에 빠져있고 우량 자산 가격이 폭락한 상태'에서, AI는 확보해 둔 현금을 활용하여 '핵심 입지의 프라임 자

산을 헐값에 매수하는 행동'이 최적의 보상을 가져온다는 것을 학습한 대로 실행한다. 결과: AI는 위기를 예측하는 대신, '위기에 대응하는 법'을 학습함으로써 자산을 지켜냈고, 회복기에 폭발적인 수익을 올려 10년 후 시장 평균을 훨씬 웃도는 누적 수익률을 기록한다.

■ AI가 학습한 최적의 적응형 개발 전략 가상 사례: '정책 불확실성 항해사' AI 개발자

(1) **시나리오:** 한 AI 개발자가 정부의 부동산 규제(LTV, 개발 부담금 등)가 예측 불가능하게 바뀌는 가상의 국가에서 대규모 주택 개발 프로젝트를 진행한다. 목표는 '프로젝트의 최종 수익(IRR) 극대화'이다.

(2) **보상 함수 설계:** 최종 프로젝트 종료 시점의 순이익에 모든 보상(+)이 집중된다. 중간 과정에서의 비용은 모두 페널티(-)로 작용한다.

(3) AI가 학습한 최적의 적응형 개발 전략:

AI는 전체 프로젝트를 한 번에 진행하는 것이 매우 위험하다는 것을 수많은 파산 경험을 통해 배운다. 대신, 다음과 같은 '단계적 적응 전략'을 최적으로 판단한다.

(1단계: 탐색) 전체 부지의 20%에만 해당하는 소규모 '파일럿 단지'를 먼저 착공한다. 이 행동은 초기 비용(페널티)을 최소화한다.

(2단계: 관찰) 파일럿 단지의 분양 결과와, 이로 인해 정부가 새로운 규제(페널티)를 도입하는지 여부를 '상태'로서 관찰한다.

(3단계: 적응적 행동) 만약 시장 반응이 좋고 추가 규제가 없다면, 다음 행동은 '2단계 대규모 착공'으로 이어진다. 그러나 만약 정부가 '개발 부담금 20% 인상'이라는 규제를 발표하면, AI는 '2단계 사업

을 무기한 보류하고, 허가 받은 토지를 다른 사업자에게 매각하는 행동'이 누적 보상을 최대화하는 최선의 선택임을 학습했다. 결과: AI는 불확실한 정책 환경에서는 '유연성'과 '옵션 가치'를 극대화하는 것이 가장 중요한 생존 전략임을 스스로 터득한다. 이는 고정된 계획이 아닌, 상황 변화에 따라 카멜레온처럼 전략을 바꾸는 동적인 의사결정 모델의 우수성을 보여준다.

5

"AI 에이전트를 통한 도시부동산 포트폴리오 관리"와 가상사례

5.1.AI 에이전트는 가상의 부동산 시장이라는 체스판 위에서 수백만 번의 게임을 시뮬레이션 하며, 장기적으로 가장 높은 수익이라는 보상을 얻기 위한 최적의 포트폴리오 운용 전략을 짠다.

성공적인 부동산 투자는 단순히 좋은 자산 하나를 사는 행위에서 끝나지 않는다. 그것은 오피스, 상가, 주택, 물류센터 등 각기 다른 성격의 자산들을 어떻게 조합하고, 시장 상황의 변화에 따라 어떻게 비중을 조절하며, 언제 사고 팔지를 결정하는 연속적인 의사결정의 예술이다. 즉, 위험을 관리하고 장기 수익을 극대화하는 최적의 '포트폴리오(Portfolio)'를 구축하고 운영하는 것이다. 만약 이 복잡한 게임에서 항상 최적의 수를 두도록 학습된 "AI 에이전트(AI Agent)"가 있다면 어떨까?

강화 학습은 AI를 단순한 분석가를 넘어, 주어진 환경 속에서 직접 행동하며 최적의 전략을 스스로 학습하는 전략적 행위자로 만든다. AI 에이전트는 가상의 부동산 시장이라는 체스판 위에서 수백만 번의 게임을 시뮬레이션 하며, 장기적으로 가장 높은 수익이라는 보상을 얻기 위한 최적의 포트폴리오 운용 전략, 즉 '투자의 신의 한 수'를 스스로 터득한다.

5.2. AI 에이전트의 포트폴리오 관리 원리

AI 포트폴리오 매니저는 어떻게 최적의 투자 전략을 학습하는가? 그 과정은 가상의 시장 환경 속에서 끝없는 시행착오를 통해 보상을 최대화하는 규칙을 찾아내는 것이다.

1단계: 환경, 에이전트, 그리고 보상의 정의

강화 학습의 첫걸음은 게임의 판을 짜는 것이다. "환경(Environment)"은 금리, 경제성장률, 정책 변화에 따라 부동산 가격과 임대료가 끊임없이 변동하는 정교한 '가상 부동산 시장 시뮬레이터'이다. "에이전트(Agent)"는 이 환경 속에서 자산을 운용하는 'AI 포트폴리오 매니저'이다. 에이전트의 모든 행동에는 "보상(Reward)"이 따른다. 임대 수익이 발생하면 플러스(+) 보상을, 자산 가격이 하락하거나 거래 비용이 발생하면 마이너스(-) 보상을 받는다. 에이전트의 유일한 목표는 정해진 기간 동안 이 누적 보상을 최대화하는 것이다.

2단계: 상태 관찰과 행동 선택(State, Action)

에이전트는 매 순간 시장과 자신의 포트폴리오 "상태(State)"를 관찰한다.(예: '현금 100억 원, 강남 오피스 보유, 시장 금리 4%인 상태'). 그리고 이 상태에서 자신이 할 수 있는 여러 행동(Action) 중 하나를 선택한다.(예: 'A 물류센터 매입', 'B 주상복합 매각', '보유 자산 관망').

3단계: 수백만 번의 시뮬레이션을 통한 전략 학습

처음에 에이전트의 행동은 무작위적이다. 그러나 행동과 그에 따른 보상을 경험하는 과정이 수백만 번 반복되면서, 에이전트는 어떤 상태에서 어떤 행동을 하는 것이 장기적으로 가장 유리한지를 점차 학습한다. 예를 들어, '금리 상승기에는 오피스 자산 비중을 줄이고 현금을 확보하는 행동'이 더 높은 누적 보상을 가져온다는 것을 스스로 깨닫는다. 이 학습 과정을 통해, 인간의 직관이나 편견을 넘어선 데이터 기반의 최적 포트폴리오 운용 전략(Policy)이 탄생한다.

5.3. AI 예측 가상 사례

■ AI가 도출한 최적 포트폴리오 전략 가상 사례:
안정성을 추구하는 'AI 연기금 매니저'

퇴직연금도 AI가 알아서 척척…미래에셋운용도 뛰어든 이 서비스 - 매일경제

(1) 시나리오: 한 연기금이 1조 원의 자산을 부동산에 투자하여, 향후 20년간 연평균 6%의 안정적인 수익률 달성을 목표로 한다. 변동성은 최소화해야 한다.

(2) AI의 학습 과정:

• AI 에이전트의 보상 함수는 '안정적인 임대 수익'에 높은 플러스

(+) 점수를, '자산 가격의 급격한 변동'에 큰 마이너스(-) 점수를 주도록 설계된다.

- 초기 시뮬레이션에서 AI는 단기 차익을 노리고 신도시 상가를 매입했다가, 높은 공실률로 인해 큰 손실을 경험하며 마이너스 보상을 받는다.
- 수십만 번의 시뮬레이션을 거치며, AI는 단일 자산의 수익률보다 여러 자산 간의 '상관관계'를 고려하여 위험을 분산시키는 것이 누적 보상을 극대화하는 길임을 학습한다.

(3) AI가 도출한 최적 포트폴리오 전략:

AI는 20년간의 시뮬레이션 끝에 다음과 같은 최적 포트폴리오 배분 및 운용 전략을 제시한다. "초기 자산은 서울 중심업무지구(CBD) 프라임 오피스 40%, 수도권 저온 물류센터 30%, 강남권 고급 임대주택 20%, 수도권 데이터센터 10%로 구성한다." 더 나아가, AI는 다음과 같은 동적 리밸런싱 규칙을 스스로 학습한다. "만약 오피스 자산의 가격이 과거 추세선 대비 15% 이상 고평가되는 상태가 되면, 보유 지분의 20%를 매각(행동)하고, 그 수익으로 저평가된 물류센터를 추가 매입(행동)하라." 이 전략을 통해 AI 포트폴리오는 목표 수익률 6%를 초과하는 연평균 6.8%의 수익을 달성했으며, 변동성은 시장 평균의 절반 수준으로 관리하는 데 성공한다.

■ AI가 발견한 최적의 개발 방정식 가상 사례: 고수익을 노리는 '공격적인 AI 개발자'

(1) 시나리오: 한 자산운용사가 500억 원의 자금으로 5년 내에 내부수익률(IRR)을 25% 이상 달성하는 '가치부가(Value-add)' 전략을 추구한다.

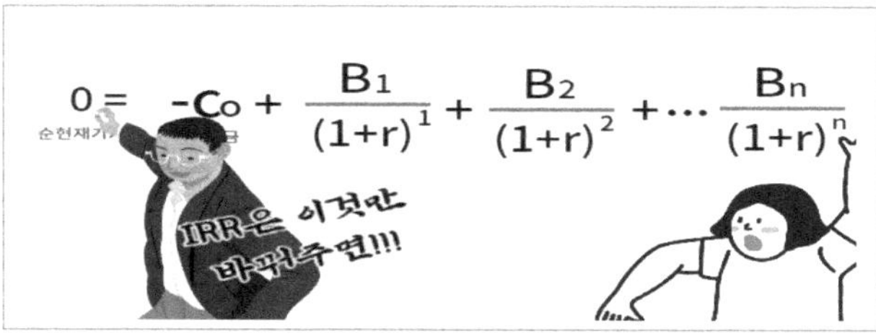

NPV와 IRR 투자 수익률 뜻 공부하기 https://9invtech.com/entry/NPV

(2) **보상 함수 설계:** 최종 매각 시점의 총자산가치에 가장 큰 가중치를 둔다. AI는 리스크를 감수하더라도 높은 자본 차익을 추구하도록 장려된다.

(3) **AI가 발견한 최적의 개발 방정식:**

AI는 이미 비싸진 강남 대신, 특정 지역(예: 3년 전의 문래동)의 잠재력에 주목한다. AI가 발견한 최적의 행동 순서는 다음과 같다.

(Year 1) 문래동의 낡은 철공소를 100억 원에 매입한다.

(Year 1-2) 30억 원을 투입하여 건물의 원형을 살리면서도 내부를 트렌디한 F&B 및 전시장으로 리모델링한다.

(Year 2-3) 단기 수익을 포기하고, 유명 갤러리와 베이커리를 1년간 무상 임대(행동)시켜 건물의 '문화적 가치'와 '인지도'를 극대화한다. 이 행동은 단기적으로는 마이너스 보상이지만, 장기적으로는 더 큰 플러스 보상을 위한 초석임을 학습한다.

(Year 4-5) 높아진 인지도를 바탕으로 우량 임차인을 유치하고 임대료를 현실화한다. 주변 지가가 동반 상승한 5년 차에 건물을 300억 원에 매각(행동)한다. 이 전략을 통해 AI는 목표를 초과하는 28%의 IRR을 달성한다. 핵심은 인간이라면 쉽게 결정하기 어려운 '전략적 무상 임대'라는 창의적인 수를 데이터 기반으로 찾아냈다는 점이다.

6

"가상 도시 시뮬레이션에서의 도시부동산 에이전트 학습 실험"와 가상사례

6.1. AI에게 현실과 똑같이 작동하지만, 실패의 비용이 없는 가상의 놀이터를 제공할 수 있다면 어떨까? 이것이 바로 "가상 도시 시뮬레이션(Virtual City Simulation)"의 역할이다.

강화 학습 AI가 최적의 전략을 학습하기 위해서는 수백만 번의 시행착오를 거칠 수 있는 훈련장이 필요하다. 그러나 현실 세계의 부동산 시장에서 직접 실험하는 것은 막대한 비용과 시간이 들며, 사실상 불가능하다. 만약 AI에게 현실과 똑같이 작동하지만, 실패의 비용이 없는 가상의 놀이터를 제공할 수 있다면 어떨까? 이것이 바로 "가상 도시 시뮬레이션(Virtual City Simulation)"의 역할이다.

가상 도시 시뮬레이션은 현실 도시의 물리적, 경제적, 사회적 시스템을 코드로 구현한 '디지털 트윈(Digital Twin)'이다. 이 가상 세계 속에서 AI 에이전트는 시간과 비용의 제약 없이 수만, 수백만 번의 투자와 개발을 실험하며, 현실에서는 수십 년이 걸려도 얻기 힘든 경험치를 단 몇 시간 만에 축적한다. 이는 AI가 인간의 직관을 넘어, 데이터 기반의 최적 전략을 발견하는 핵심적인 과정이며, 도시부동산의 미래를 엿볼 수 있는 가장 환상적인 실험 무대이다.

6.2. AI 에이전트 학습 실험의 원리

AI는 어떻게 가상의 도시 속에서 '투자의 대가'로 성장하는가? 그 과정은 정교하게 설계된 세계에서 명확한 목표를 향해 끝없이 학습하고 진화하는 것이다.

1단계: 가상 도시 환경의 구축(Building the Virtual Environment)

학습 실험의 첫걸음은 현실과 유사한 규칙으로 작동하는 가상 도시를 만드는 것이다. 이 도시에는 지형, 도로망, 용도지역과 같은 물리적 환경, 금리 변동, GDP 성장률, 인플레이션 등 거시 경제의 흐름을 따르는 경제적 환경, 그리고 인구 증가, 세대 구성 변화, 직장-주거 이동 패턴을 시뮬레이션 하는 사회적 환경이 모두 포함된다. 이 정교한 시뮬레이터가 바로 AI 에이전트가 살아갈 '환경(Environment)'이 된다.

2단계: AI 에이전트의 목표 설정(Setting the Agent's Goal)

가상 도시에 투입될 AI 에이전트에게 명확한 임무를 부여한다. 이 임무는 '보상 함수(Reward Function)'를 통해 구체화된다. 예를 들어, '최대 개발 이익'이 목표라면 자산 매각 시 발생하는 순이익에 가장 큰 보상(+)을 준다. '주택 공급 극대화'가 목표라면 신규 주택을 준공할 때마다 보상(+)을 부여한다. 이 보상 함수가 바로 AI의 모든 의사결정을 이끄는 유일한 기준점이 된다.

3단계: 학습과 전략의 진화(Learning and Strategy Evolution)

학습이 시작되면, AI 에이전트는 초기에 무작위로 토지를 매입하거나 건물을 짓는 등 다양한 행동(Action)을 시도한다. 그리고 그 행동의 결과를 보상으로 돌려받는다. 이 과정이 수백만 번 반복되면서, AI는 어떤 시장 상황(State)에서 어떤 행동을 하는 것이 장기적으로 누적 보상을 극대화하는지를 스스로 터득한다. 이 과정에서 인간이 미처 생각지 못한, 데이터에 기반한 창의적이고 효율적인 '창발적 전략(Emergent Strategy)'이 탄생한다.

6.3. AI 예측 가상 사례

■ AI가 도출한 최적 전략 가상 사례 1:
'최대 수익'을 목표로 학습한 AI 개발자

ETF 투자 시 알아야 할 용어: 순자산총액, NAV https://www.google.com

(1) **시나리오:** 한 AI 에이전트에게 초기 자본 1,000억 원을 부여하고, 20년의 시간 동안 가상의 서울에서 '순자산가치(Net Worth) 극대화'라는 단 하나의 목표를 주고 학습시킨다.

(2) AI의 학습 과정:

- 초기 학습 단계에서 AI는 인간처럼 강남, 서초 등 전통적인 부촌 지역의 토지를 비싸게 매입하지만, 높은 토지 비용과 치열한 경쟁으로 인해 기대 이하의 수익(낮은 보상)을 얻는 경험을 반복한다.
- 수십만 번의 시뮬레이션을 거치며, AI는 새로운 패턴을 발견한다. 바로 '현재는 저평가된 공업 지역이지만, 5년 후 지하철 노선이 개통될 예정인 지역'의 토지를 미리 저렴하게 매입하고, 개발을 서두르지 않고 '기다리는' 전략이 훨씬 높은 누적 보상을 가져온다는 것이다.

• 또한, AI는 경기 순환 시뮬레이션 데이터를 통해 '금리가 3회 연속 인상되고 건설 수주량이 감소하는 상태'가 되면 6개월 내 경기 침체가 올 확률이 85%라는 것을 학습하고, 이 시그널이 발생하면 보유 자산을 선제적으로 매각하여 현금을 확보하는 위기관리 전략을 스스로 구축한다.

(3) AI가 도출한 최적 전략:

20년의 시뮬레이션 종료 후, AI 에이전트의 순자산은 4,200억 원에 도달하여, 연평균 7.5%의 복리 수익률을 기록했다. 이는 단순히 강남의 우량 자산을 사서 보유하는 전략보다 2배 높은 수치이다. AI가 발견한 최적 전략의 핵심은 미래의 인프라 계획을 현재의 가치에 선반영하여 저평가된 토지를 선점하고, 거시 경제 지표를 기반으로 매각 타이밍을 최적화하는 것"이었다.

■ AI가 도출한 최적 전략 가상 사례 2:
'주택 공급 극대화'를 목표로 학습한 AI 도시부동산 전문가

(1) 시나리오: 한 공공기관 소속의 AI 에이전트에게 연간 5,000억 원의 고정된 예산을 부여하고, 10년 동안 가상의 도시에서 '서민을 위한 주택 공급량 극대화'를 목표로 학습시킨다.

(2) AI의 학습 과정:

• AI의 보상 함수는 '신규 주택 1호 준공' 시마다 동일한 보상(+)을, '예산 소진' 시마다 페널티(-)를 받도록 설계된다.

• 초기 AI는 예산을 활용해 도심의 비싼 땅을 매입하여 직접 공공주택을 건설하지만, 높은 토지 비용과 긴 사업 기간으로 인해 매년 소량의 주택만 공급(낮은 보상)하는 비효율을 경험한다.

• 수만 번의 학습 끝에, AI는 다른 전략을 시도한다. 바로, 직접 개발하는 대신 "민간 개발업자가 교외의 유휴부지에 중산층용 아파트를 지을 때, 용적률을 10% 상향해주는 인센티브(행동)를 제공하고, 그 대가로 전체 세대수의 15%를 공공임대주택으로 기부채납받는" 방식이다.

(3) AI가 발견한 최적의 공공 정책:

AI는 직접 개발보다 '민간의 개발 역량을 활용하는 레버리지 전략'이 최소의 예산으로 최대의 주택을 공급하는 최적 해법임을 스스로 발견한다. AI가 도출한 최적 전략은 다음과 같다. "시 외곽의 교통 결절점 인근 저밀도 지역을 '특별계획구역'으로 지정하고, 해당 지역에서 민간 사업자가 공공 기여(예: 임대주택, 기반시설)를 약속할 경우, 용적률 인센티브와 신속한 인허가를 제공하는 정책 패키지를 실행한다." 이 전략을 통해 AI 에이전트는 전통적인 직접 공급 방식 대비 40% 더 많은 총 15만 호의 신규 주택을 공급하는 데 성공한다. 이는 AI가 어떻게 복잡한 도시 문제에 대해 창의적이고 효율적인 정책 대안을 제시할 수 있는지를 보여준다.

7

"입지 선택, 투자 시기, 개발 유형 등의 복합 의사결정 시나리오에서의 도시부동산 전략의 최적화"와 가상사례

7.1. AI 에이전트는 '입지-시기-유형'의 모든 조합을 하나의 거대한 의사결정 공간으로 인식하고, 가상 도시 시뮬레이션 속에서 수백만 번의 프로젝트를 수행하며 이 공간을 탐험한다

성공적인 도시부동산 개발은 '어디에(입지)', '언제(시기)', '무엇을(유형)' 지을 것인가라는 세 가지 핵심 질문에 대한 최적의 답을 찾는 과정이다. 이 세 가지 요소는 서로 복잡하게 얽혀 있으며, 하나의 결정이 다른 결정의 성패에 연쇄적인 영향을 미친다. 예를 들어, 최고의 입지라도 투자 시기가 나쁘면 실패할 수 있고, 최적의 시기라도 해당 입지에 맞지 않는 유형의 건물을 지으면 가치를 극대화할 수 없다. 이처럼 수많은 변수와 선택지가 존재하는 다 차원적인 문제에서, 인간의 직관만으로 최적의 해를 찾는 것은 거의 불가능에 가깝다.

강화 학습은 바로 이 복합 의사결정 문제에 대한 해법을 제시한다. AI 에이전트는 '입지-시기-유형'의 모든 조합을 하나의 거대한 의사결정 공간으로 인식하고, 가상 도시 시뮬레이션 속에서 수백만 번의 프로젝트를 수행하며 이 공간을 탐험한다. 이 과정에서 AI는 단기적인 이익에 매몰되지 않고, 10년, 20년 후의 최종 보상을 극대화하는 최적의 '연속 행동 전략(Sequential Action Strategy)'을 스스로 학습한다.

7.2. 복합 의사결정 최적화의 원리

AI는 어떻게 이 복잡한 문제를 푸는가? 그 핵심은 거대한 의사결정 공간을 탐험하며 장기적인 가치를 학습하는 데 있다.

1단계: 상태, 행동 공간의 확장

복합 의사결정 문제에서 "상태(State)"는 단순히 시장 상황만이 아니다. 'A 입지의 토지를 보유하고 있고, 현재 금리가 3%이며, 개발 인허가 단계에 있는 상태'와 같이 입지, 시간, 자본, 진행 상황을 모두 포함하는 다차원적인 정보의 조합이 된다. 행동(Action) 역시 'A 입지에 오피스를 짓는다'와 같은 단일 행동이 아니라, '(A 입지 선택)→(즉시 투자 결정)→(주상복합으로 개발)'과 같이 여러 선택이 결합된 하나의 '복합 행동'이 된다.

2단계: 지연된 보상과 장기 가치의 학습

부동산 개발 프로젝트의 보상(수익)은 대부분 프로젝트가 끝나는 수년 후에야 실현된다. 강화 학습 AI는 이러한 '지연된 보상(Delayed Reward)' 시스템에 특화되어 있다. AI는 당장의 작은 이익(보상)을 주는 행동보다, 수년 후 훨씬 큰 보상을 가져다 줄 행동의 '장기적인 가치'를 학습한다. 이를 통해 '기다림'이나 '전략적 손실'과 같은 인간이 쉽게 선택하기 힘든 고차원적인 전략을 구사할 수 있게 된다.

3단계: 최적 전략 정책의 발견

수백만 번의 시뮬레이션을 통해 AI 에이전트는 모든 가능한 상태에서 어떤 복합 행동을 취하는 것이 가장 높은 누적 보상으로 이어지는지에 대한 최적의 '전략 정책(Optimal Policy)'을 구축한다. 이 정책은 "만약 당신이 B급 입지를 보유하고 있고, 시장이 침체기라면, 최선의 행동은 '2년간 관망 후 저층 상업시설로 개발'하는 것이다"와 같은 구체적인 조건부 전략의 집합체가 된다.

7.3. AI 예측 가상 사례

■ AI가 발견한 최적의 복합 전략 가상 사례:
'안정적 캐시카우(Cash Cow)'와 '미래 성장 엔진'을 결합한 AI 개발자

한물 간 공업지역 되살릴 수 있을까? | 서울시 - 내 손안에 서울
https://mediahub.seoul.go.kr

(1) 시나리오: 한 AI 에이전트에게 초기 자본 2,000억 원과 10년의 시간을 부여한다. AI는 안정적인 도심 A 입지와, 젠트리피케이션이 진행 중인 공업 지역 B 입지 중 선택할 수 있으며, 오피스, 주거, 복합 시설 중 개발 유형을 결정해야 한다. 목표는 '10년 후 총자산가치 극대화'이다.

(2) AI의 학습 과정:

- 초기 AI는 A 입지에 오피스를 짓는 안전한 전략(낮지만 안정적인 보상)과, B 입지에 주거 시설을 짓는 고위험 전략(높은 초기 실패율, 큰 페널티)을 각각 시도한다.
- 수십만 번의 시뮬레이션 끝에, AI는 두 입지와 개발 유형을 순차적으로 결합하는 것이 최적의 해법임을 발견한다.

(3) AI가 발견한 최적의 복합 전략:

(1-3년 차) 먼저 A 입지에 오피스 빌딩을 건설한다. 이 행동은 즉각적이고 안정적인 임대 수익(지속적인 작은 보상)을 창출하는 '캐시카우' 역할을 한다.

(3년 차) A 입지에서 발생한 현금 흐름을 활용하여, 아직 저렴한 B 입지의 토지를 매입한다.

(3-6년 차) B 입지를 즉시 개발하지 않고, '전략적으로 관망(Wait)'하는 행동을 선택한다. 이 기간 동안 주변 인프라가 개선되고 상권이 성숙하기를 기다린다.

(6-9년 차) 성숙기에 접어든 B 입지에, 단순 주거가 아닌 '상업 및 문화 공간이 결합된 복합 시설'을 건설하는 행동이 최적임을 학습했다.

결과: 이 순차적 복합 전략을 통해 AI는 10년 후 총 5,500억 원의 자산을 달성했다. 이는 단일 입지에 집중하는 전략보다 80% 높은 수치이다. AI는 "안정적 자산으로 고위험 자산 투자의 기회를 만들고, 최적의 타이밍까지 기다렸다가, 해당 입지에 가장 적합한 유형으로 개발하는 것"이 최적의 복합 의사결정임을 스스로 증명했다.

■ AI가 발견한 최적의 맥락적 개발 전략 가상 사례:
'도시의 맥락'을 읽어내는 AI 건축가

(1) 시나리오: 한 AI 에이전트가 역사 보존 지구 인근의 부지에서 개발 프로젝트를 진행한다. 목표는 '최종 매각 수익 극대화'이지만, '지자체의 디자인 심의 통과'라는 제약 조건이 있다. 심의를 통과하지 못하면 높은 페널티를 받는다.

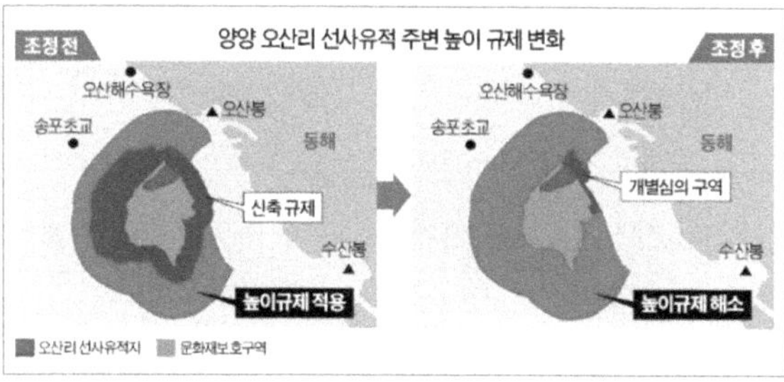

역사 보존하면서 개발도 가능하게…문화재 주변 족쇄 풀린다 | 한국경제

(2) AI의 학습 과정:

- AI는 다양한 설계안(고층 현대식, 저층 전통식, 절충형 등)을 가상으로 제출하고, 주변 건물의 건축 DNA(스타일, 높이, 자재)와의 조화도에 따라 심의 통과 확률이 달라지는 것을 학습한다.
- 초기 AI는 용적률을 최대로 활용하는 고층 현대식 건물(높은 예상 분양 수익)을 설계하지만, 번번이 디자인 심의에서 탈락(높은 페널티)하며 사업이 지연되는 경험을 반복한다.

(3) AI가 발견한 최적의 맥락적 개발 전략:

수만 번의 학습 끝에 AI는 다음과 같은 최적의 복합 전략을 도출한다. 입지 및 시기: 역사 보존 지구 인근, 즉시 착공. 최적 개발 유형 및 전략:

(설계) 건물의 전체적인 높이와 외관은 주변의 저층 한옥 스타일과 조화를 이루는 '현대식 한옥(모던 한옥)' 형태로 설계한다. 이는 예상 분양 수익을 15% 감소시키지만, 디자인 심의 통과 확률을 95%까지 끌어올려 사업 지연 리스크(치명적 페널티)를 최소화하는 최적의 행동임을 학습한다.

(내부 구성) 외부와 달리, 내부는 "최첨단 설비를 갖춘 '프라이빗 오피스'와 '고급 리테일'"로 구성하여 높은 임대 수익을 확보한다. 결과: AI는 "단기적인 개발 이익 극대화보다, 도시의 맥락을 존중하여 사업의 불확실성을 제거하는 것이 최종 수익률을 극대화하는 길"임을 발견한다. 이 전략은 단순한 용적률 게임을 넘어, 입지의 특성을 존중하는 한 차원 높은 의사결정이 어떻게 최적의 경제적 결과로 이어지는지를 보여준다.

8

"도시부동산 관련 스마트 임대료 책정(동적 임대료 책정) 시스템"과 가상사례

8.1. AI, 시장의 숨결을 읽고 가격을 정하다

전통적인 부동산 임대료는 한 번 정해지면 계약 기간 내내 고정된다. 이는 안정적이지만, 시시각각 변하는 시장의 수요와 공급을 반영하지 못하는 한계를 가진다. 항공권이나 호텔 가격이 실시간으로 변동하며 수익을 극대화하는 것처럼, 만약 부동산 임대료도 시장의 숨결에 맞춰 스스로 최적의 가격을 찾아낼 수 있다면 어떨까?

강화 학습은 이 질문에 대한 가장 진보한 해답을 제시한다. 바로 '동적 임대료 책정(Dynamic Rental Pricing)' 시스템이다. 이 시스템에서 AI 에이전트는 단순히 임대료를 예측하는 분석가가 아니다. 주변 공실률, 경쟁자 가격, 계절적 수요, 심지어 날씨와 같은 실시간 데이터를 바탕으로,

임대료를 올리거나 내리는 '행동'을 직접 취하며 '총 임대수익 극대화'라는 목표를 학습하는 전략적 플레이어이다. 이는 임대차 시장을 정적인 계약의 영역에서, 동적인 수익 관리의 영역으로 끌어올리는 혁신적인 패러다임이다.

8.2. 동적 임대료 책정의 원리

AI는 어떻게 시장 상황에 맞춰 최적의 임대료를 실시간으로 결정하는가? 그 과정은 정교한 보상 시스템 안에서 끝없는 학습을 통해 최적의 가격 정책을 발견하는 것이다.

1단계: 실시간 시장 환경의 구축

AI의 훈련장인 환경(Environment)은 현실 시장을 실시간으로 반영하는 데이터의 집합이다. '주변 건물의 평균 공실률', '경쟁 오피스텔의 실시간 임대료', '대학가의 개강 및 방학 시즌', '인근 지역의 축제 및 컨퍼런스 일정', '주말 및 주중 유동인구 패턴' 등 임대료에 영향을 미치는 모든 변수들이 AI 에이전트가 관찰하는 '상태(State)'가 된다.

2단계: AI 가격 결정 에이전트의 행동 정의

이 환경 속에서 AI 에이전트는 가격을 결정하는 주체이다. 에이전트가 취할 수 있는 행동(Action)은 매우 구체적이다. 예를 들어, '임대료를 1% 인상한다', '임대료를 1% 인하한다', '가격을 유지한다', '특정 기간 동안 '첫 달 무료' 프로모션을 진행한다' 등 다양한 가격 정책이 행동의 선택지가 된다.

3단계: 보상 함수를 통한 수익 극대화 학습

AI의 모든 행동에는 보상 함수(Reward Function)에 따른 점수가 매겨진다.

보상(+): 새로운 임대 계약이 체결될 때. 특히, 높은 임대료로 계약될수록 더 큰 보상을 받는다.

페널티(-): 하루 동안 공실이 유지될 때마다 기회비용으로서 페널티를 받는다. 임대료를 너무 높게 책정하여 문의조차 없을 경우 더 큰 페널티를 받는다. AI는 이 보상 시스템 안에서 수백만 번의 가상 가격 책정을 반복하며, 어떤 시장 상황에서 어떤 가격 행동을 취하는 것이 '연간 총 임대수익'이라는 누적 보상을 극대화하는지를 스스로 학습한다.

8.3. AI 예측 가상 사례

■ 가상 사례 1: 강남역 오피스 빌딩의 'AI 빌딩 매니저'

강남 사무실 임대 60평대 강남역 초역세권 프라임 오피스 : 네이버 블로그

(1) **시나리오:** 한 자산운용사가 강남역 인근의 30층짜리 프라임 오피스 빌딩을 소유하고 있다. 목표는 '연간 총 임대수익 극대화'이다.

(2) **AI의 학습 과정:**

- AI 에이전트는 주변 오피스의 공실률, 임대료 시세, 강남 지역의 기업 이전 동향, 경기 지표 등을 실시간으로 학습한다.

• 초기 AI는 높은 임대료를 고수하다가 장기 공실(높은 페널티)을 경험하고, 반대로 너무 낮은 임대료로 쉽게 계약을 체결하지만 총수익이 낮은(낮은 보상) 경험을 반복한다.

(3) AI가 도출한 최적의 동적 가격 정책:

수십만 번의 시뮬레이션 끝에 AI는 다음과 같은 정교한 가격 정책을 스스로 구축한다.

상황 1(경기 호황기): '주변 공실률이 3% 이하로 떨어지고, IT 기업들의 확장 이전 수요가 증가하는 상태'가 되면, AI는 즉시 공실 상태인 모든 층의 호가를 5% 인상하고, 단기 계약 문의에는 추가로 3%의 프리미엄을 부과하는 행동을 취한다.

상황 2(경기 침체기): '주변 공실률이 8%로 상승하고, 공유 오피스에서 저가 프로모션을 시작하는 상태'가 되면, AI는 임대료를 직접 낮추는 대신, '기존 임대료를 유지하되, 2년 이상 장기 계약 시 3개월의 임대료를 면제(Rent-Free)해주는' 행동을 선택한다. 이는 명목 임대료를 지키면서도 실질적인 혜택을 제공하여 우량 임차인을 유치하는 것이 장기적으로 더 높은 누적 보상을 가져온다는 것을 학습한 결과이다. 결과: 이 동적 가격 시스템을 통해 빌딩의 연평균 공실률은 5%에서 2%로 감소했으며, 총 임대수익은 기존의 고정 가격 정책 대비 13% 증가했다.

■ 가상 사례 2: 해운대 관광지 의 '스마트 생활형 숙박시설'

(1) **시나리오:** 한 개인이 해운대 해수욕장 인근의 생활형 숙박시설 10개 호실을 운영하며, 극심한 계절적 변동성 속에서 연간 수익을 극대화하고자 한다.

생활형 숙박시설 '해운대비스타오션헤리티지' 기대감 상승 - 전민일보

(2) AI의 학습 과정:

- AI 에이전트는 숙박 예약 플랫폼의 실시간 예약률, 경쟁 숙소의 가격, 항공권 예약 데이터, 지역 축제 및 날씨 예보 데이터까지 학습한다.
- 보상 함수는 특히 성수기(7-8월)의 공실에 매우 큰 페널티를, 비수기의 예약 체결에는 작은 보너스를 주도록 설계된다.

(3) AI가 발견한 최적의 실시간 가격 전략:

AI는 1년을 52주로 나누어 매주, 매일 다른 가격 정책을 구사하는 법을 학습한다.

성수기(7월 말): 예약률이 80%를 넘어서자, AI는 남은 2개 호실의 가격을 매일 5%씩 자동으로 인상한다. '마지막 남은 방'이라는 희소성을 이용해 수익을 극대화하는 전략이다.

비수기(11월 평일): 예약률이 20%에 불과한 상태가 3일 지속되자, AI는 '2박 예약 시, 1박 무료' 프로모션을 자동으로 생성하여 주변 지역 타겟 고객에게 푸시 알림을 발송하는 행동을 취한다. 이는 공실로 두는 것(페널티)보다 낮은 가격이라도 예약을 채우는 것(작은 보상)이 더 낫다는 판단이다.

특별 이벤트: '부산 국제 영화제' 기간이 다가오자, AI는 3개월 전부터 관련 키워드 검색량 증가를 감지하고, 해당 기간의 기본 가격을 40% 선제적으로 인상하는 행동을 취한다. 결과: AI 기반의 동적 가격 책정을 통해 이 숙박시설의 연평균 가동률은 65%에서 88%로 상승했으며, 연간 총매출은 40% 이상 증가하는 성과를 거두었다.

Part 2

머신 러닝의 주요 알고리즘

02

주제 5

의사결정나무(Decision Tree)를 활용한 지역 가치 판단

1

도시부동산 가치 평가에서 의사결정나무의 목표, 작동원리 및 기술, 역할, 장단점, 활용예시

구분	내용
목표	도시부동산 가치에 영향을 미치는 다양한 요인들(예: 위치, 접근성, 주변 환경, 개발 계획 등)의 복잡한 상호작용을 분석하고, 이를 바탕으로 특정 부동산의 가치를 예측하거나 분류하는 명확한 규칙을 도출하는 것을 목표로 한다. 즉, '어떤 요인이 부동산 가치에 얼마만큼의 영향을 미치는가'에 대한 질문에 직관적으로 답을 제시한다.
작동 원리 및 기술	의사결정나무는 데이터를 특정 기준(질문)에 따라 두 개 이상의 하위 그룹으로 반복적으로 분할하는 지도학습 알고리즘이다. 각 분할 지점(노드)에서는 정보 획득(Information Gain)이나 지니 불순도(Gini Impurity)와 같은 지표를 사용하여 데이터의 순수도를 가장 높이는, 즉 목표 변수(부동산 가격)를 가장 잘 구분하는 변수와 그 기준 값을 찾는다. 이 과정을 반복하여 더 이상 분할이 의미 없을 때까지 진행하면, 나무 구조의 예측 모델이 완성된다. 최종 노드(리프 노드)는 예측된 부동산 가격 또는 등급을 나타낸다.

역할	의사결정나무는 도시부동산 가치 평가 과정에서 '설명 가능한 인공지능(XAI, Explainable AI)'의 핵심적인 역할을 수행한다. 복잡한 블랙박스 모델과 달리, 가치 평가의 결론에 이르는 과정을 시각적으로 표현하여 어떤 요인이 어떻게 작용했는지 비전문가도 쉽게 이해할 수 있도록 돕는다. 이를 통해 평가 결과의 투명성과 신뢰성을 확보하고, 주요 가치 형성 요인을 직관적으로 파악하게 한다.
장단점	장점: • 직관성 및 설명 용이성: 모델의 의사결정 과정을 시각적인 나무 구조로 명확하게 이해할 수 있다. • 전처리 용이성: 데이터의 정규화나 스케일링 같은 복잡한 사전 처리 과정이 상대적으로 덜 요구된다. • 다양한 데이터 유형 처리: 수치형 데이터와 범주형 데이터를 별도의 변환 없이 함께 사용할 수 있다. 단점: • 과적합(Overfitting) 위험: 훈련 데이터에 과도하게 최적화되어 새로운 데이터에 대한 예측 성능이 저하될 수 있다. 가지치기(Pruning)나 앙상블 기법(예: 랜덤 포레스트)으로 보완이 필요하다. • 불안정성: 훈련 데이터의 작은 변화에도 나무 구조가 크게 변동될 수 있다. • 경계선 표현의 한계: 선형적인 관계나 복잡한 비선형 관계를 표현하는 데 한계가 있으며, 예측 오류가 발생할 수 있다.
도시 부동산 활용 예시	• 지가 예측 모델: 특정 지역의 필지들을 대상으로 용도지역, 도로 접면 조건, 주변 공시지가, 개발 호재 유무 등의 변수를 활용하여 해당 필지의 미래 지가를 예측하는 모델을 구축한다. • 아파트 가격 등급 분류: 아파트 단지의 위치(역세권 여부), 건축 연도, 세대수, 학군, 편의시설 접근성 등을 기준으로 고가, 중가, 저가 그룹으로 분류하는 규칙을 생성한다. • 상업용 부동산 활성화 가능성 예측: 특정 상권 내 상업용 부동산의 공실률에 영향을 미치는 요인(유동인구, 주변 상업시설 밀도, 임대료 수준 등)을 분석하여, 신규 상업시설의 성공 가능성이나 기존 시설의 활성화 전략 수립에 활용한다. • 재개발/재건축 사업성 평가: 노후 주거지를 대상으로 건물 노후도, 용적률, 주민 동의율, 주변 인프라 등을 변수로 사용하여 재개발/재건축 사업의 추진 가능성 및 예상 수익성을 평가하는 초기 스크리닝 도구로 활용된다.

2

"성공하는 상업용 부동산의 입지 조건"과 가상사례

2.1. 성공의 코드를 해독하는 AI, 의사결정나무(Decision Tree)

같은 상권 내에서도 어떤 가게는 고객으로 문전성시를 이루는 반면, 어떤 가게는 파리만 날리다 쓸쓸히 폐업하는 현상은 도시에서 흔히 목격된다. 전통적으로 상업 입지의 성공 여부는 소위 '목'이라 불리는 위치의 중요성과 함께 창업자의 직관, 경험에 크게 의존해왔다. 그러나 현대 도시의 복잡성과 상권 데이터를 정량적으로 분석할 수 있게 된 지금, 우리는 성공과 실패를 가르는 핵심 요인을 보다 과학적으로 식별할 수 있는 강력한 도구를 갖게 되었다. 그것이 바로 의사결정나무(Decision Tree) 알고리즘이다.

의사결정나무는 마치 전문가가 특정 입지를 두고 '스무고개'를 하듯, 연속된 질문을 통해 최종 결론에 도달하는 분석 모델이다. "일일 유동인구가 5,000명 이상인가?", "그렇다면, 반경 100m 내 경쟁 점포가 3개 미만인가?"와 같은 질문들을 연쇄적으로 던지며 데이터를 분류해 나간다. 이 과정의 가장 큰 미덕은 단순히 '좋다/나쁘다'를 넘어, 어떤 요인이 다른 요인보다 우선하며, 성공을 위해 반드시 충족해야 할 최소한의 조건(Threshold)이 무엇인지를 명확하게 보여준다는 데 있다. 이 알고리즘을 통해 우리는 상업적 성공의 유전자 지도를 해독하고, 실패의 위험을 체계적으로 제거해 나갈 수 있게 된다.

2.2. 가상 사례로 살펴보는 입지 조건 분석

의사결정나무 모델이 실제 상업 입지 분석에 어떻게 적용되는지, 가상의 데이터와 두 가지 사례를 통해 구체적으로 살펴본다. 여기서 우리의 목표는 특정 입지가 '성공'할 것인지 '고위험' 군에 속하는지를 예측하는 것이다.

〈분석에 활용된 주요 변수 및 학습된 규칙(가상)〉

(1) **가장 중요한 질문**(Root Node): 일일 유동인구가 3,000명을 초과하는가?

(2) **두 번째 질문**(Internal Node): 반경 200m 내 경쟁 점포(동종업계)가 3개 미만인가?

(3) **세 번째 질문**(Internal Node): 도보 5분 거리 내 지하철역 또는 버스 정류장이 2개 이상 존재하는가?

(4) **최종 판단**(Leaf Node): 위 조건들을 따라 내려가 최종적으로 '성공' 또는 '고위험'으로 분류된다.

■ 의사결정나무 분석 과정 가상 사례 1: 신규 카페 'A' 입지 분석

젊은 창업가 김 씨는 유동인구가 많아 보이는 한 골목에 카페 창업을 고려 중이다. 그는 AI 가치평가 모델에 해당 입지의 데이터를 입력하여 사업 성공 가능성을 진단받고자 한다.

[라이프 스타일] 공장촌 사이 카페·갈비 골목 … '올드&뉴' 묘한 매력 | 중앙일보
https://www.joongang.co.kr

(1) 가상 데이터:

- 위치: A 지역 골목 코너
- 일일 유동인구: 4,500명
- 반경 200m 내 경쟁 점포: 1개(소규모 개인 카페)
- 주변 대중교통 수: 지하철역 1개, 버스정류장 2개(총 3개)

(2) 의사결정나무 분석 과정:

[질문 1] 일일 유동인구가 3,000명을 초과하는가?

- 답변: 예(4,500명 > 3,000명). 다음 단계로 진행한다.

[질문 2] 반경 200m 내 경쟁 점포가 3개 미만인가?

- 답변: 예(1개 < 3개). 다음 단계로 진행한다.

[질문 3] 도보 5분 거리 내 대중교통 수가 2개 이상인가?

- 답변: 예(3개 ≥ 2개). 최종 노드로 이동한다.

(3) 최종 결론: '성공'

해당 입지는 의사결정나무 모델이 학습한 성공의 핵심 조건들을 모두 충족한다. 풍부한 유동인구를 기반으로, 낮은 경쟁 환경과 우수한 대중교통 접근성까지 갖추고 있어 상업적 성공 가능성이 매우 높은 것으로 판단된다. AI는 김 씨에게 해당 입지가 높은 잠재력을 가졌음을 데이터 기반으로 명확히 제시한다.

■ 의사결정나무 분석 과정 가상 사례 2: 의류 매장 'B' 입지 분석

박 씨는 저렴한 임대료에 매력을 느껴 한 이면도로의 점포를 계약하기 직전이다. 그는 마지막 확인 차원에서 AI 모델을 통해 입지 타당성을 검토하기로 한다.

(1) 가상 데이터:

- 위치: B 지역 이면도로
- 일일 유동인구: 2,800명
- 반경 200m 내 경쟁 점포: 4개(대형 SPA 브랜드 포함)
- 주변 대중교통 수: 버스정류장 1개

(2) 의사결정나무 분석 과정:

[질문 1] 일일 유동인구가 3,000명을 초과하는가?

- 답변: 아니오!(2,800명 〈3,000명). 여기서 분석은 다른 경로로 분기된다. 모델은 이미 가장 중요한 첫 번째 관문을 통과하지 못했으므로, 실패 위험이 크다고 판단하기 시작한다.

(3) 최종 결론: '고위험'

박 씨의 입지는 첫 번째 질문인 '유동인구'에서부터 성공 기준을 만족시키지 못했다. 비록 저렴한 임대료라는 장점이 있을지라도, 상업 활동의 기본 동력인 잠재고객의 절대량이 부족하다고 AI는 판단한다. 설령 유동인구 조건을 겨우 통과했더라도, 다음 질문인 '경쟁 점포' 수에서 또다시 부정적인 답변으로 이어져 결국 '고위험'으로 분류될 가능성이 높다. 이 분석은 박 씨가 간과했던 치명적인 약점(부족한 유동인구와 과도한 경쟁)을 수치적으로 명확히 보여줌으로써, 감정적 판단이 아닌 이성적 결정을 내리도록 돕는다.

이처럼 의사결정나무는 도시부동산, 특히 상업 입지 가치 판단의 패러다임을 바꾸고 있다. 막연한 '감'과 '경험'의 시대를 지나, 데이터에 기반하여 성공의 논리적 경로를 추적하고 실패의 위험을 사전에 인지하는 '과학적 의사결정'의 시대를 열어가고 있는 것이다.

3

"도시부동산 의사결정 경로의 시각화: 트리구조로 설명하다"와 가상사례

3.1. AI의 생각 지도를 펼치다: 트리 구조의 미학

인공지능(AI)이 특정 아파트의 가격을 10억 원으로 예측했을 때, 우리는 자연스럽게 "왜?"라고 묻게 된다. 무엇을 근거로 그러한 결론에 도달했는가? 만약 AI가 그저 "데이터를 학습한 결과입니다"라고만 답한다면, 우리는 그 결과를 신뢰하기 어렵다. 의사결정나무(Decision Tree)의 진정한 가치는 바로 이 '왜?'라는 질문에 명쾌한 해답을 제공하는 능력에 있다.

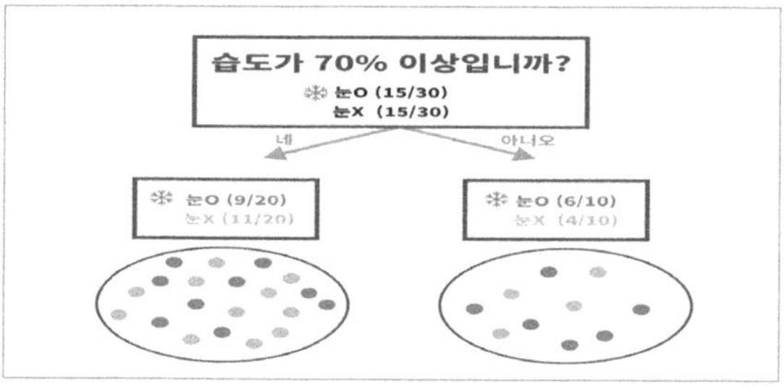

여러분, 스무고개인 '의사결정나무' 해요! : "디지털"한 일잘러 되는 비법
https://ablearn.kr

의사결정나무는 AI의 복잡한 판단 과정을 인간이 직관적으로 이해할 수 있는 '나무(Tree) 구조'로 시각화한다. 이 나무는 몇 가지 핵심 요소로 구성된다. 가장 상단의 출발점을 뿌리 노드(Root Node), 중간의 질문 단계를 중간 노드(Internal Node), 그리고 최종 결론에 해당하는 끝부

분을 "리프 노드(Leaf Node)"라고 부른다. 각 노드에서 뻗어 나가는 가지(Branch)는 '예(Yes)' 또는 '아니오(No)'와 같은 답변을 의미한다.

결국, 특정 부동산의 데이터를 가지고 이 나무의 뿌리부터 시작하여, 각 노드의 질문에 답하며 가지를 따라 내려가는 과정 자체가 바로 AI의 의사결정 경로가 된다. 이 경로를 끝까지 따라가면, 우리는 어떤 요인들이 어떤 순서로, 그리고 어떤 기준 값에 의해 최종 가치 판단에 이르게 되었는지를 명확하게 추적하고 이해할 수 있다. 이는 AI의 머릿속에 들어 있는 생각의 지도를 눈앞에 펼쳐 보이는 것과 같다.

3.2. 가상 사례로 따라가 보는 AI의 의사결정 경로

이제 가상의 아파트와 토지를 대상으로, AI가 어떻게 트리 구조를 따라 의사결정을 내리는지 구체적인 여정을 함께 떠나보자.

- 의사결정나무 경로 추적 가상 사례 1:
  '강남 블루밍' 아파트 101동 502호 가격 예측

합리적 가격의 강남 아파트　https://marketin.edaily.co.kr

30대 직장인 최 씨는 '강남 블루밍' 아파트의 매매를 고려 중이다. 그는 AI 가치평가 시스템에 해당 매물의 정보를 입력하고, 그 예측 과정이 어떻게 이루어지는지 살펴본다.

(1) 가상 매물 데이터:

- 위치: 강남구(행정구역)
- 지하철 접근성: 도보 5분 이내
- 건축 연도: 2015년(준공 후 10년)
- 면적: 전용 84㎡

(2) 의사결정나무 경로 추적:

(뿌리 노드: 질문 1) → 해당 부동산이 강남구, 서초구, 송파구(강남 3구)에 위치하는가?

- 답변: 예('강남구'). '예' 가지를 따라 다음 노드로 이동한다.

(중간 노드: 질문 2) → 도보 5분 이내에 이용 가능한 지하철역이 있는가?(초역세권 여부)

- 답변: 예('도보 5분'). 다시 '예' 가지를 따라 다음 노드로 이동한다.

(중간 노드: 질문 3) → 준공된 지 5년이 지났는가?

- 답변: 예(2015년 준공, 현재 2025년 기준 10년 경과). '예' 가지를 따라 다음 노드로 이동한다.

(리프 노드: 최종 결론) → 예상 매매가: 23억 ~ 25억 원

(3) 시각화의 힘:

최 씨는 자신의 아파트가 왜 20억 원대 중반으로 예측되었는지 명확히 이해하게 된다. AI는 ① 강남구라는 최상위 입지 요인을 가장 먼저 고려했고, ② 초역세권이라는 강력한 장점을 반영했으며, ③ 신축 프리미엄(준공 5년 이내)은 없다는 점까지 순차적으로 고려하여 최종 가격대를 산출했다. 만약 이 아파트가 준공 3년 차였다면, 질문 3에서 '아니오' 가지를 따라 '26억~28억 원'이라는 다른 리프 노드로 도달했을 것임도 쉽게 예측할 수 있다.

■ 의사결정나무 경로 추적 가상 사례 2:
'성수동 회색지대' 토지의 개발 잠재력 판단

한 부동산 개발사는 성수동의 낡은 공장 부지를 매입하여 새로운 복합 문화 공간으로 개발하는 안을 검토 중이다. 사업 타당성을 위해 AI에 해당 부지의 잠재력 분석을 의뢰한다.

(1) 가상 부지 데이터:

- 용도지역: 준공업지역
- 지구단위계획: 수립되지 않음
- 도로 접면 폭: 8m 이상
- 주변 시세(3.3m²당): 1억 원

(2) 의사결정나무 경로 추적:

(뿌리 노드: 질문 1) → 해당 부지가 '준공업지역'에 속하는가?

- 답변: 예('준공업지역'). '예' 가지를 따라 다음 노드로 이동한다.(서울시 내에서 준공업지역은 용적률 인센티브 등 개발 잠재력이 높다고 학습됨)

(중간 노드: 질문 2) → '지구단위계획' 또는 '전략정비구역'으로 지정되어 있는가?

- 답변: 아니오('수립되지 않음'). '아니오' 가지를 따라 다음 노드로 이동한다.

(중간 노드: 질문 3) → 폭 8m 이상의 도로에 접하고 있는가?

- 답변: 예('8m 이상'). '예' 가지를 따라 다음 노드로 이동한다.

(리프 노드: 최종 결론) → 개발 잠재력: '중상(향후 계획 수립 시 '최상'으로 격상 가능)'

(3) 시각화의 힘:

개발사는 AI의 판단 경로를 통해 현재 부지의 명확한 상태와 미래 가치를 동시에 읽어낸다. ① 준공업지역이라는 태생적 잠재력은 높지만, ② 아직 구체적인 개발 계획(지구단위계획 등)이 없어 폭발력이 억제된 상태임을 파악한다. 하지만 ③ 차량 진출입이 용이한 도로 조건을 갖추고 있어 기본적인 개발 여건은 충족한다고 AI는 판단했다. 이 트리 구조는 개발사에게 "현재 상태도 나쁘지 않지만, 향후 이 지역에 지구단위계획이 수립된다면 질문 2의 경로가 바뀌면서 '최상' 등급의 잠재력을 갖게 될 것"이라는 명확하고 전략적인 통찰을 제공한다.

이처럼 의사결정나무의 시각화는 AI의 판단을 단순한 결과값이 아닌, 논리적이고 설득력 있는 하나의 '스토리'로 만들어준다. 이는 도시부동산 가치 평가의 투명성과 신뢰도를 획기적으로 높이는 동시에, 사용자가 데이터와 소통하며 더 깊은 통찰을 얻게 하는 혁신적인 창구가 된다.

4

"거래사례 기반 트리로 가격 추론 자동화하기"와 가상사례

4.1. 베테랑 감정평가사의 노하우를 품은 AI

부동산의 가치를 평가하는 가장 전통적이면서도 신뢰도 높은 방법은 거래사례비교법이다. 이는 평가하려는 부동산(대상 부동산)과 가장 유사한 조건(위치, 면적, 준공연도 등)을 가진 최근의 실거래 사례를 찾아내고,

약간의 차이점을 보정하여 가격을 추론하는 방식이다. 이는 마치 베테랑 감정평가사가 수많은 거래 데이터를 머릿속에 넣고, 대상 부동산과 가장 비슷한 '쌍둥이' 사례를 찾아내어 가치를 매기는 과정과 같다.

거래사례 기반 의사결정나무(Case-Based Decision Tree)는 바로 이 과정을 자동화하고 과학화한 것이다. 이 모델은 먼저 수십만, 수백만 건의 실제 거래사례 데이터를 학습하여, 어떤 요인이 가격에 가장 큰 영향을 미치는지 스스로 파악해 나무 구조를 만든다. 그리고 사용자가 가격을 알고 싶은 부동산의 정보를 입력하면, 이 나무는 가장 유사한 거래사례 '그룹'을 신속하고 정확하게 찾아낸다. 여기서 그치지 않고, 면적이나 층수, 건축 연도와 같은 세부적인 차이를 자동으로 보정하여 최종 가격을 추론해낸다. 즉, AI가 24시간 쉬지 않는 베테랑 감정평가사의 역할을 수행하는 것이다.

4.2. 가상 사례로 체험하는 자동 가격 추론 시스템

이제 AI가 거래사례 기반 트리를 활용하여 어떻게 특정 부동산의 가격을 순식간에 추론해내는지, 두 가지 가상 사례를 통해 그 과정을 들여다본다.

■ 가상 사례 1: '마포 리버뷰' 아파트 301동 1502호의 현재 시세 추론

결혼을 앞둔 이 씨는 '마포 리버뷰' 아파트의 시세가 궁금해졌다. 그는 AI 가격 추론 시스템에 아래 정보를 입력한다.

(1) **대상 부동산:** 마포 리버뷰 301동 1502호

(2) **기본 정보:** 전용 84㎡, 15층(총 25층), 남향, 2018년 준공

(3) **AI의 거래사례 기반 추론 과정:**

[1단계: 핵심 그룹 탐색] 의사결정나무는 가장 중요한 필터인 '아파

트 단지'를 기준으로 시스템에 저장된 수많은 거래사례 중 '마포 리버뷰'에서 발생한 거래만을 즉시 선별한다.

[2단계: 유사 사례 필터링] 선별된 '마포 리버뷰' 거래사례 내에서, 다시 '전용 84㎡' 타입의 거래 이력만을 추가로 필터링한다. 이 과정에서 59㎡나 114㎡ 타입의 거래는 제외된다.

[3단계: 가격 보정 및 추론] 이제 AI는 필터링된 '마포 리버뷰 84㎡' 타입의 최근 6개월간 거래사례 5건(가상)을 발견한다.

- 사례 A: 2층, 16억 2천만 원
- 사례 B: 8층, 16억 8천만 원
- 사례 C: 22층, 17억 5천만 원(한강 조망권)
- … 등 AI는 이 사례들의 평균 가격을 기준으로, 대상 부동산의 층수(15층, 로열층)와 향(남향) 이라는 장점을 반영하여 가격을 상향 조정한다. 반면, 한강 조망이 직접적으로 가능한 최고층 세대보다는 낮은 가격으로 보정한다.

(4) 최종 추론 가격: 17억 1천만 원

AI는 복수의 유사 거래사례를 기반으로, 세부적인 요인(층, 향)까지 고려한 정교한 가격을 단 몇 초 만에 제시한다. 이 씨는 단순히 하나의 사례가 아닌, 가장 비슷한 조건을 가진 사례 그룹과의 비교를 통해 객관적인 시세를 파악하게 된다.

■ 가상 사례 2: '연남동 꼬마빌딩'의 적정 매매가 추론

자영업자 박 씨는 연남동의 작은 상가 건물(꼬마빌딩) 매입을 고려 중이다. 아파트와 달리 거래가 드문 비정형 부동산이라 가격 판단이 어렵다.

마포구 연남동 꼬마빌딩 실거래가 정보 | 탑빌딩 부동산중개법인(주)

(1) **대상 부동산:** 연남동 상가 건물

(2) **기본 정보:** 대지면적 165㎡, 연면적 330㎡, 3층, 1995년 준공, 2종 일반주거지역

(3) **AI의 거래사례 기반 추론 과정:**

[1단계: 핵심 그룹 탐색] 아파트 단지처럼 명확한 기준이 없으므로, 의사결정나무는 가장 중요한 상위 조건인 '행정동(연남동)'과 '용도지역(2종 일반주거지역)'을 동시에 만족하는 거래사례를 탐색한다.

[2단계: 유사 사례 필터링] 해당 그룹 내에서 다시 '대지면적(150㎡~200㎡)'과 '건물 용도(상가/사무소)'가 유사한 사례들을 필터링한다. 너무 크거나 작은 토지, 혹은 주택 거래사례는 제외된다.

[3단계: 가격 보정 및 추론] AI는 위 조건들을 만족하는 최근 2년간의 거래사례 3건(가상)을 찾아낸다.

- 사례 X: 1992년 준공, 대로변 위치, 3.3㎡당 9천만 원에 거래
- 사례 Y: 2005년 준공, 이면도로 위치, 3.3㎡당 8천만 원에 거래
- 사례 Z: 1989년 준공, 이면도로 위치, 3.3㎡당 7천5백만 원에 거

래 AI는 이 사례들의 3.3㎡당 평균 가격을 계산한 후, 대상 건물의 '노후도(1995년 준공, 중간 수준)'와 '도로 조건(이면도로)'을 반영하여 가격을 보정한다. 즉, 최신 건물이거나 대로변에 위치한 사례보다는 낮은 단가를 적용한다.

(4) **최종 추론 가격: 총 40억 원**(3.3㎡당 8천만 원)

거래가 드문 부동산일지라도 AI는 탐색 범위를 유연하게 조절하고 핵심적인 가치 요소를 중심으로 유사 사례를 찾아내어 합리적인 가격 범위를 제시한다. 박 씨는 막연한 주변 시세가 아닌, 자신의 건물과 가장 '닮은' 사례들에 기반한 과학적 추론 결과를 얻게 된다.

이처럼 거래사례 기반 트리는 부동산 가격 추론을 소수 전문가의 영역에서 누구나 접근 가능한 자동화된 시스템으로 전환시키고 있다. 이는 정보의 비대칭성을 해소하고, 도시부동산 시장의 투명성을 한 단계 끌어올리는 핵심 기술이 된다.

5

"부동산 담보 대출의 부실 위험 예측"과 가상사례

5.1. 금융기관의 숨은 고민, 부실의 싹을 미리 찾아내다

은행과 같은 금융기관에 있어 부동산 담보 대출은 가장 중요한 수익원이지만, 동시에 가장 큰 리스크를 안고 있는 양날의 검과 같다. 만약 대출자가 원리금을 제때 상환하지 못하면, 이는 곧 금융기관의 손실, 즉 부실 채권으로 이어진다. 따라서 금융기관의 최대 과제 중 하나는 대출 심사 단계에서부터 미래의 부실 가능성을 정확하게 예측하고 관리하는 것이다.

과거에는 대출 심사가 주로 신청자의 신용 점수나 소득 수준 등 몇몇 정량적 지표와 심사역의 주관적 판단에 의존했다. 그러나 의사결정나무(Decision Tree) 알고리즘은 이 과정을 한 차원 높은 수준으로 끌어올린다. AI는 수많은 과거의 정상 상환 데이터와 부실 데이터를 학습하여, 어떤 변수들의 조합이 부실 위험으로 이어지는지에 대한 명확한 '규칙(Rule)의 집합'을 스스로 구축한다. 이는 마치 수많은 대출 사례를 경험한 최고의 리스크 관리 전문가가, 부실로 이어지는 위험 신호를 조목조목 짚어주는 것과 같다.

LTV(주택담보대출비율), DTI(총부채원리금상환비율)와 같은 핵심 지표는 물론, 대출자의 직업 안정성, 부동산의 종류 등 다양한 변수를 복합적으로 고려하여 잠재적 위험을 사전에 식별하는 'AI 조기 경보 시스템'이 되는 것이다.

6.2. 가상 사례로 분석하는 대출 부실 위험 예측 모델

AI 심사역, 즉 의사결정나무 모델이 어떻게 두 명의 상반된 대출 신청자의 미래를 예측하는지 가상 사례를 통해 살펴본다.

〈대출 부실 예측 트리의 주요 질문(가상)〉

(1) 가장 중요한 질문(Root Node): LTV(주택담보대출비율)가 70%를 초과하는가?

(2) 두 번째 질문(Internal Node): DTI(총부채원리금상환비율)가 40%를 초과하는가?

(3) 세 번째 질문(Internal Node): 신용점수가 700점 미만인가?

(4) 최종 판단(Leaf Node): 위 질문들을 따라 '정상 상환' 또는 '부실 위험'으로 예측한다.

■ 의사결정나무의 심사 과정 가상 사례 1:
안정적인 직장인 김 씨의 대출 신청

대기업에 10년째 재직 중인 김 씨는 가족과 함께 거주할 아파트를 구매하기 위해 주택 담보 대출을 신청했다.

(1) 대출 신청 정보:

- 신청자: 김OO(만 42세, 대기업 과장)
- 대상 부동산: 시세 10억 원 아파트
- 대출 신청액: 4억 원(LTV 40%)
- 연 소득: 8,000만 원(기존 대출 없음, DTI 25%)
- 신용점수: 850점

(2) 의사결정나무의 심사 과정:

[질문 1] LTV가 70%를 초과하는가?

- 답변: 아니오(40% 〈70%). '정상' 그룹으로 가는 '아니오' 가지를 따라 다음 노드로 이동한다.(이미 리스크가 현저히 낮다고 1차 판단)

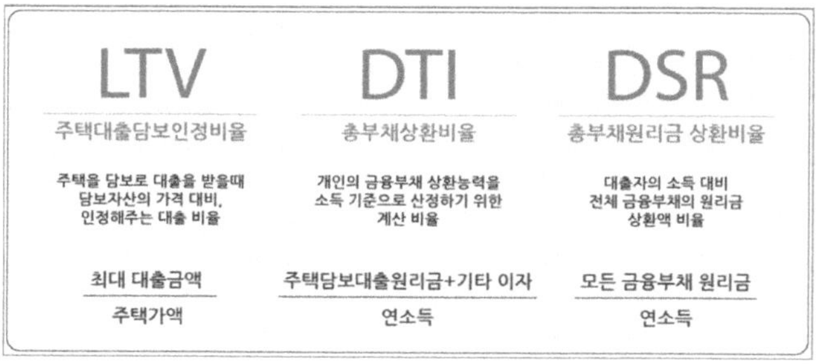

어려운 주택담보대출 LTV, DTI, DSR 란? https://suis.tistory.com

[질문 2] DTI가 40%를 초과하는가?

- 답변: 아니오(25% 〈40%). 다시 '아니오' 가지를 따라 다음 노드로 이동한다.(상환 능력이 매우 안정적이라고 2차 판단)

[질문 3] 신용점수가 700점 미만인가?

- 답변: 아니오(850점〉 700점). 최종적으로 '아니오' 가지를 따라 리프 노드로 이동한다.

(3) 최종 결론: '정상 상환'(승인)

AI 모델은 김 씨의 대출 신청 건을 부실 위험이 극히 낮은 우량 건으로 판단한다. 낮은 LTV, 안정적인 DTI, 높은 신용점수 등 모든 심사 기준에서 건전성을 입증했다. 이 의사결정 경로는 금융기관이 왜 김 씨의 대출을 안심하고 승인할 수 있는지에 대한 명확한 논리적 근거를 제시한다.

■ 의사결정나무의 심사 과정 가상 사례 2: 자영업자 이 씨의 추가 대출 신청

소규모 식당을 운영하는 이 씨는 사업 자금 확보를 위해 현재 거주 중인 빌라를 담보로 추가 대출을 신청했다.

(1) 대출 신청 정보:

- 신청자: 이OO(만 35세, 요식업 자영업자)
- 대상 부동산: 시세 5억 원 빌라(기존 담보대출 2억 5천만 원)
- 대출 신청액: 1억 5천만 원(기존 대출 포함 시 LTV 80%)
- 연 소득: 4,000만 원(기존 대출 및 신규 대출 원리금 포함 시 DTI 45%)
- 신용점수: 680점

(2) 의사결정나무의 심사 과정:

[질문 1] LTV가 70%를 초과하는가?

- 답변: 예(80% 〉 70%). AI는 즉시 이 대출 건을 '위험' 그룹으로 분류하는 '예' 가지로 경로를 잡는다. 주택 가격 하락 시 원금 손실 위험이 크다는 첫 번째 위험 신호를 감지한 것이다.

[경로 분기 후 추가 질문] DTI가 40%를 초과하는가?

- 답변: 예(45% 〉 40%). 소득 대비 부채 상환 부담이 과도하다는 두 번째 위험 신호가 확인된다. 부실 가능성이 더욱 높아진다.

(3) 최종 결론: '부실 위험'(승인 거절 또는 조건부 승인)

이 씨의 대출 신청은 AI 모델의 부실 예측 경로를 따라 진행되었다. 높은 LTV와 과도한 DTI라는 두 가지 치명적인 위험 요인이 연달아 발견되었기에, 모델은 이 대출이 미래에 부실화될 확률이 높다고 최종 판단한다. 이는 금융기관에 대출 승인을 거절하거나, 대출 한도를 대폭 축소하고 높은 금리를 적용하는 등 엄격한 리스크 관리 조치가 필요하다는 객관적인 데이터를 제공한다.

이처럼 의사결정나무는 복잡한 데이터 속에서 부실의 패턴을 찾아내어, 금융기관이 보다 과학적이고 일관된 기준으로 리스크를 관리하도록 돕는다. 이는 개별 대출의 안전성을 높일 뿐만 아니라, 전체 금융 시스템의 안정성을 지키는 견고한 방파제 역할을 수행하게 된다.

주제
6

랜덤 포레스트(Random Forest)를 활용한 복합 가치 예측

1

도시부동산 가치 평가에서 랜덤 포레스트의 목표, 작동원리 및 기술, 역할, 장단점, 활용예시

구분	내용
목표	단일 의사결정나무(Decision Tree)의 단점인 과적합(Overfitting)과 불안정성을 극복하고, 여러 개의 나무를 집단으로 활용하여 예측의 정확도와 안정성을 극대화하는 것을 목표로 한다. 개별 나무의 작은 오류들을 집단지성으로 보완하여, 복잡하고 다양한 변수가 얽혀 있는 도시부동산 가치의 변동성을 보다 정밀하게 예측한다.
작동 원리 및 기술	랜덤 포레스트는 앙상블(Ensemble) 학습 기법의 일종으로, "배깅(Bagging, Bootstrap Aggregating)"과 "특성 무작위성(Feature Randomness)"이라는 두 가지 핵심 기술을 사용한다. • 배깅: 원본 훈련 데이터에서 무작위로 복원추출하여 여러 개의 서로 다른 데이터 셋(Bootstrap Sample)을 만든다. • 의사결정나무 생성: 각 데이터 셋을 사용하여 개별적인 의사결정나무를 독립적으로 훈련시킨다. 이때, 각 나무의 노드를 분할할 때마다 전체 변수(특성) 중에서 일부만을 무작위로 선택하여 최적의 분할 기준을 찾게 함으로써(특성 무작위성), 각각의 나무가 서로 다른 특성을 갖도록 유도한다. • 결과 취합(Voting/Averaging): 수백, 수천 개의 나무들이 각자 내놓은 예측 결과를 "다수결(분류) 또는 평균(회귀/가격예측)"을 통해 종합하여 최종 결론을 도출한다.

역할	도시부동산 가치 평가에서 랜덤 포레스트는 "고성능 예측 모델(High-Performance Predictor)"의 역할을 수행한다. 지하철 접근성, 학군, 용도지역, 건축 연도, 거래 시점, 금리 등 수많은 요인들의 복잡한 비선형 관계를 학습하여 특정 부동산의 가격이나 개발 잠재력, 부실 위험 등을 높은 정확도로 예측한다. 개별 요인의 설명력보다는 종합적인 예측의 정확성에 초점을 맞춘다.
장단점	장점: • 높은 예측 정확도: 여러 나무의 결과를 종합하므로 단일 모델에 비해 월등히 높은 정확도를 보인다. • 과적합 방지: 데이터와 변수를 무작위로 선택하는 과정 덕분에 훈련 데이터에 대한 과적합 위험이 현저히 낮다. • 안정성 및 강건성: 데이터의 일부 노이즈나 이상치에 덜 민감하게 반응한다. • 변수 중요도 평가: 모델링 과정에서 어떤 변수가 가격 예측에 더 중요한 영향을 미쳤는지 정량적으로 평가할 수 있다. 단점: • 설명력 부족(블랙박스): 수많은 나무가 복잡하게 얽혀 있어, 왜 그런 예측 결과가 나왔는지 그 과정을 직관적으로 이해하기 어렵다.(의사결정나무 대비) • 계산 비용: 수많은 나무를 만들어야 하므로 모델 훈련 속도가 상대적으로 느리고 더 많은 메모리를 요구한다. • 매개변수 설정: 생성할 나무의 개수, 트리의 최대 깊이 등 사용자가 설정해야 할 매개변수(Hyperparameter)에 따라 성능이 달라질 수 있다.
도시 부동산 활용 예시	• 대규모 자동평가모형(AVM, Automated Valuation Model): 시/군/구 단위의 모든 아파트, 연립/다세대 주택의 현재 시세를 실시간으로 추정하는 시스템의 핵심 엔진으로 활용된다. 위치, 교통, 학군, 브랜드, 노후도, 거래량, 거시 경제 지표 등 수십, 수백 개의 변수를 동시에 고려하여 정확한 가격을 산출한다. • 토지 개발 잠재력 예측: 미개발 토지의 필지 정보(형상, 경사도, 용도지역, 주변 개발 계획 등)를 학습하여, 향후 특정 용도(예: 주거, 상업)로 개발될 경우의 예상 가치나 개발 우선순위를 등급으로 예측한다. • 상권 매출액 예측: 특정 지역에 상점이 입점할 경우 예상되는 월 매출액을 예측한다. 유동인구, 주변 경쟁 점포 수, 배후 인구의 소득 수준, 교통 편의성 등을 복합적으로 분석하여 정밀한 매출액을 추정한다. • 부동산 시장 동향 예측: 과거의 가격 변동 패턴과 거시 경제 지표(금리, GDP, 정책 변화 등)를 학습하여, 3개월 또는 6개월 후의 특정 지역 부동산 시장의 가격 지수 등락을 예측하는 데 활용된다.

2

“다양한 결정나무의 집단 지성으로 가치 정확도를 높이다”와 가상사례

2.1. 한 명의 천재보다 현명한 다수의 전문가 집단

만약 당신이 매우 중요한 결정을 내려야 할 때, 한 명의 편향될 수 있는 전문가 에게만 의존하겠는가? 아니면 각기 다른 관점을 가진 여러 전문가의 의견을 종합하여 결론을 내리겠는가? 대부분은 후자를 선택할 것이다. 이것이 바로 랜덤 포레스트(Random Forest)의 핵심 철학이자, 단 하나의 의사결정나무(Decision Tree)가 가진 한계를 극복하는 방식이다.

하나의 잘 만들어진 의사결정나무는 훌륭한 분석 도구이지만, 훈련 데이터에 과도하게 최적화되어 새로운 데이터를 만나면 예측력이 떨어지는 '과적합(Overfitting)'이라는 치명적인 약점을 가질 수 있다. 이는 마치 특정 문제 유형만 반복해서 푼 나머지, 조금만 변형된 문제가 나오면 당황하는 학생과 같다.

랜덤 포레스트는 이 문제를 '집단 지성(Collective Intelligence)'으로 해결한다. 먼저, 원본 데이터에서 무작위로 일부를 선택하여 수백, 수천 개의 약간씩 다른 데이터 셋을 만든다. 그리고 이 데이터들을 기반으로 각기 다른 특성을 가진 의사결정나무들을 대량으로 생성한다. 어떤 나무는 교통 접근성에 특화된 전문가가 되고, 어떤 나무는 학군과 교육 환경에, 또 다른 나무는 개발 호재와 미래가치에 집중하는 전문가가 되는 식이다.

최종적으로, 부동산 가치를 예측할 때 이 수많은 나무(전문가 집단)에게 각자의 의견을 묻고, 그 결과들을 투표(분류)하거나 평균(가격 예측)을 내어 종합한다. 한두 그루의 나무가 특정 데이터에 치우쳐 잘못된 판단을 내리더라도, 수많은 나무들이 모인 '숲(Forest)' 전체는 훨씬 더 안정적이고 정확한 결론에 도달하게 된다. 이로써 우리는 복잡하고 변수가 많은 도시부동산의 가치를 놀라운 정확도로 예측할 수 있게 된다.

2.2. 가상 사례로 확인하는 랜덤 포레스트의 예측력

랜덤 포레스트가 어떻게 복합적인 요인들을 종합하여 단일 나무보다 뛰어난 예측을 수행하는지, 두 가지 가상 사례를 통해 알아본다.

■ 가상 사례 1: 강북 재개발 예 정지 아파트의 미래가치 예측

대출규제에 강북 아파트 직격탄 https://realty.chosun.com

한 투자자는 현재는 낡고 교통이 불편하지만, 5년 내 대규모 재개발과 지하철 개통이 확정된 강북의 한 아파트 매입을 고민하고 있다. 정보가 상충되어 가치 판단이 매우 어려운 상황이다.

(1) **대상 부동산:** '미래 아파트' 101동 305호

(2) **복합 정보:**

- 현재: 35년 차 노후 아파트, 초등학교 멀고, 상권 낙후.

• 미래: 5년 후 대형 건설사 브랜드 신축 아파트로 변모, 도보 3분 거리 신설 역세권, 혁신초등학교 배정 예정.

(3) 랜덤 포레스트의 예측 과정:

[개별 나무들의 상이한 판단] 모델 내 수백 개의 의사결정나무들은 각기 다른 관점에서 이 아파트를 평가한다.

• Tree A(현재 가치 중시): '건축 연도> 30년'이라는 조건에 따라 매우 낮은 가격을 예측한다.
• Tree B(미래 가치 중시): '역세권 예정', '대형 건설사 브랜드'라는 변수를 가장 중요하게 보고 매우 높은 가격을 예측한다.
• Tree C(교육 환경 중시): '혁신초등학교 배정 예정'이라는 호재에 높은 가중치를 부여한다.
• Tree D(부정적 요인 집중): 재개발이 지연될 리스크나 추가 분담금 발생 가능성을 학습한 나무는 예측치를 보수적으로 잡는다.

[집단 지성의 종합 판단] 랜덤 포레스트는 이처럼 제각각인 수백 개의 예측치(예: 8억, 15억, 13억, 10억...)를 모두 수집하여 그 평균값을 계산한다. 극단적인 긍정론이나 비관론은 희석되고, 다양한 가능성을 모두 고려한 가장 합리적인 예측치가 도출된다.

(4) 최종 예측 가격: 12억 5천만 원

랜덤 포레스트는 현재의 단점과 미래의 장점이라는 상충되는 정보를 균형 있게 반영하여, 투자자가 받아들일 수 있는 가장 가능성 높은 미래가치를 제시한다. 이는 단 하나의 시나리오에 매몰되지 않는 집단 지성의 힘을 명확히 보여준다.

■ 가상 사례 2: 복합용도 상업시설(MXD)의 성공 가능성 예측

한 개발사는 구도심의 넓은 부지에 주거, 업무, 상업, 문화 기능이 결합된 대규모 복합용도 상업시설(Mixed-Use Development) 프로젝트를 기획 중이다. 성공 여부를 판단하기 위해 수많은 변수를 고려해야 한다.

(1) 대상 프로젝트: '알파플렉스'

(2) 복합 정보:

- 주거: 소형 오피스텔 50%, 중형 아파트 50%
- 업무: 공유 오피스 및 IT 기업 대상 중소형 오피스
- 상업: 대형 영화관 입점, 유명 F&B 프랜차이즈 다수 유치
- 기타: 중앙 광장 및 녹지 공간 확보, 주변 대학가와 연계

(3) 랜덤 포레스트의 예측 과정:

[다차원적 변수 동시 분석] 랜덤 포레스트는 이 모든 변수들 간의 상호작용을 동시에 분석한다. 과거 성공적인 복합단지들의 데이터를 학습한 나무들은 다음과 같은 복합적인 패턴을 발견한다.

- '영화관'과 '유명 F&B'는 주말 유동인구를 크게 늘려 전체 상업 매출에 기여한다.
- '소형 오피스텔'과 '공유 오피스'는 1인 가구 및 스타트업 종사자들을 유입시켜 평일 주중 상권 활성화에 긍정적이다.

복합용도개발(MXD) 상업시설 프런트 캐슬 동탄 https://www.dnews.co.kr

- '중앙 광장'과 '주변 대학가'의 연계는 단순 방문객을 넘어 체류 시간을 늘리는 중요한 요소임을 학습한다.

[성공 지수(Score) 예측] 각 나무는 이러한 변수 조합을 바탕으로 '성공/보통/실패'와 같은 분류 예측 또는 '예상 공실률', '예상 임대 수익'과 같은 구체적인 수치를 예측한다. 랜덤 포레스트는 이 결과들을 다수결로 종합하여 최종 결론을 내린다.

4) 최종 예측 결과: '성공' 확률 85%, 예상 공실률 5% 미만

랜덤 포레스트는 단순히 개별 요소가 좋다는 것을 넘어, 주거와 업무, 상업 기능이 어떻게 시너지를 일으키는지를 종합적으로 판단하여 프로젝트의 성공 가능성을 높은 신뢰도로 예측한다. 이는 복잡한 도시계획 및 부동산 개발 프로젝트의 의사결정에 강력한 과학적 근거를 제공한다.

3

입지 특성과 수익성 요소 간의 비선형 관계 분석과 가상사례

3.1.'많을수록 좋다'는 단순한 법칙이 통하지 않을 때

도시부동산의 가치는 결코 단순한 덧셈과 뺄셈으로 결정되지 않는다. 예를 들어, '지하철역에서 가까울수록 좋다'는 명제는 과연 항상 참일까? 역 바로 앞 30초 거리는 소음과 혼잡함으로 인해 오히려 주거 쾌적성이 떨어질 수 있다. 반면, 도보 5~7분 거리는 편리함과 쾌적함을 모두 누릴 수 있는 '최적 지점(Sweet Spot)'이 될 수 있다. 이처럼 특정 요인이 일정

수준까지는 가치에 긍정적 영향을 주다가, 그 지점을 넘어서면 오히려 부정적 영향을 미치는 관계를 비선형(Non-linear) 관계라고 한다.

기존의 전통적인 통계 모델은 이러한 복잡한 비선형 관계를 제대로 포착하기 어렵다. '변수 X가 1만큼 증가하면, 가격 Y는 항상 Z만큼 증가한다'는 식의 선형적 가정에 기반하기 때문이다. 그러나 랜덤 포레스트(Random Forest)는 수백 개의 의사결정나무를 통해 이러한 고정관념에서 벗어난다. 각각의 나무는 데이터의 다른 부분을 보며 "역과의 거리가 3분 이내인가?", "7분 이내인가?", "10분을 넘어가는가?"와 같이 각기 다른 기준점을 설정하여 가치를 판단한다.

이 수많은 나무들의 판단을 종합함으로써, 랜덤 포레스트는 복잡한 수식 없이도 데이터에 숨겨진 최적의 '골디락스 존(Goldilocks Zone)'을 스스로 찾아내고, 입지 요소와 수익성 간의 복잡하고 구불구불한 관계를 놀랍도록 정확하게 분석해낸다.

3.2. 가상 사례로 풀어보는 비선형 관계의 비밀

랜덤 포레스트가 어떻게 단순한 규칙을 넘어 숨겨진 최적의 가치 지점을 발견하는지, 두 가지 가상 사례를 통해 탐색해 본다.

■ 가상 사례 1: 오피스텔과 지하철역과의 '최적 거리' 탐색

한 부동산 투자회사는 신축 오피스텔의 분양가를 책정하기 위해 AI 모델을 활용하고자 한다. 특히 지하철역과의 거리가 분양가에 미치는 영향을 정밀하게 분석하는 것이 목표이다.

(1) **분석 대상:** A 지역 내 다양한 위치의 오피스텔 거래 데이터

(2) **핵심 변수:** 지하철역과의 도보 거리, 그리고 그에 따른 실 거래 가격

(3) 랜덤 포레스트의 비선형 분석 과정:

[데이터 패턴 발견] 모델은 A 지역의 수많은 오피스텔 거래 데이터를 학습한다. 그 결과, 역과의 거리에 따른 가격 패턴이 단순한 직선이 아님을 발견한다.

- 1분 거리(초근접): 소음, 유동인구 혼잡도 등으로 인해 예상보다 가격이 낮게 형성된다(예: 3억 원).
- 5분 거리(최적 지점): 편리성과 쾌적성이 극대화되어 가장 높은 가격대를 형성한다(예: 3억 5천만 원).
- 10분 거리(도보 한계): 역과의 거리가 멀어지면서 가격이 다시 하락한다(예: 2억 8천만 원).
- 15분 거리(비역세권): 역세권 프리미엄이 거의 사라져 가격이 크게 낮아진다(예: 2억 2천만 원).

[최적 가치 구간 도출] 랜덤 포레스트 내의 수많은 나무들은 '거리가 3분 이내인가?', '8분 이상인가?' 등 각기 다른 기준으로 데이터를 나눈다. 이 예측들을 종합한 결과, AI는 '도보 4분에서 7분 사이'가 이 지역 오피스텔의 가치를 극대화하는 최적의 거리(Sweet Spot)라는 결론을 도출한다.

(4) 최종 분양가 책정:

투자회사는 이 분석 결과를 바탕으로, 신축 오피스텔의 위치가 '도보 6분' 거리이므로, 최적 가치 구간에 해당한다고 판단하여 높은 분양가를 책정할 과학적 근거를 확보하게 된다.

■ 가상 사례 2: 카페 입지와 주변 직장인 인구의 '적정 밀도' 분석

한 프랜차이즈 카페 본사는 신규 지점의 예상 매출을 예측하는 모델을

개발 중이다. 특히 주변 사무실의 직장인 인구수와 매출의 관계를 분석하고자 한다.

(1) **분석 대상:** 전국 프랜차이즈 지점의 매출 데이터

(2) **핵심 변수:** 반경 300m 내 상주 직장인 인구수, 그리고 해당 지점의 월평균 매출액

(3) **랜덤 포레스트의 비선형 분석 과정:**

[수익 체감 패턴 발견] '직장인이 많을수록 매출도 높다'는 단순한 가설과 달리, AI는 다른 패턴을 발견한다.

- 직장인 1,000명(저밀도): 잠재 고객이 적어 매출이 낮다(예: 월 1,500만 원).
- 직장인 5,000명(최적 밀도): 풍부한 배후 수요로 매출이 극대화된다(예: 월 4,000만 원).
- 직장인 15,000명(고밀도): 직장인 수는 많지만, 그만큼 경쟁 카페도 기하급수적으로 늘어나 출혈 경쟁이 발생한다. 또한, 높은 임대료 부담으로 인해 실제 순수익은 오히려 감소하기 시작한다(예: 월 3,200만 원).

[최적 밀도 구간 도출] 랜덤 포레스트는 '주변 인구가 3,000명 이하인가?', '10,000명을 초과하는가?' 등 다양한 기준으로 매출 데이터를 분석한다. 그 결과, 해당 프랜차이즈 카페의 수익성을 극대화하는 '최적 배후 인구 밀도'는 4,000명에서 7,000명 사이라는 비선형적 결론을 내린다.

(4) **최종 입지 선정:**

본사는 이 모델을 활용하여, 직장인 인구가 6,000명인 B 후보지를 최종 입지로 선정한다. 단순히 인구가 가장 많은 곳이 아닌, '수익

성이 가장 높아지는 곳'을 과학적으로 찾아낸 것이다. 이는 자원 배분의 효율성을 높이고 신규 지점의 실패 확률을 획기적으로 낮추는 결정적인 의사결정이 된다.

4

상가 공실 위험의 정밀 예측과 가상사례

4.1. "랜덤 포레스트(Random Forest)"는 다 차원적인 공실 문제를 해결하는 데 최적화된 알고리즘이다.

비어 있는 상가, 도시의 활력을 위협하는 조용한 경고 텅 빈 상가는 단순히 한 개인의 사업 실패를 넘어, 그 지역 상권의 활력이 쇠퇴하고 있다는 위험 신호가 된다. 상가 공실(Vacancy)은 임대료, 유동인구, 경쟁 점포 수, 접근성, 지역 경제 동향 등 수십 가지 요소가 복잡하게 얽혀 발생하는 최종 결과물이다. 따라서 미래의 공실 위험을 정확히 예측하는 것은 상가 투자자, 개발사는 물론 도시 정책 입안자에게도 매우 중요한 과제이다.

"랜덤 포레스트(Random Forest)"는 이러한 다 차원적인 공실 문제를 해결하는 데 최적화된 알고리즘이다. 이는 마치 도시의 수많은 실핏줄 같은 데이터를 동시에 분석하는 수백 명의 노련한 상권 분석가 집단과 같다. 어떤 분석가(나무)는 유동인구의 변화 패턴에 집중하고, 다른 분석가(나무)는 주변 경쟁 점포의 개업 및 폐업률을, 또 다른 분석가(나무)는 배후 주거단지의 인구 구성 변화와 지역 경제 지표를 심도 있게 살핀다.

랜덤 포레스트는 이 수백 명의 분석가들이 내놓은 '공실 가능성'에 대한 의견을 종합하여, 단일 요인으로는 발견하기 어려운 복합적인 위험 신호를 감지해낸다. 이를 통해 특정 상가가 향후 6개월 또는 1년 내에 공실이 될 확률을 구체적인 수치(%)로 제시함으로써, 선제적이고 정밀한 리스크 관리를 가능하게 한다.

4.2. 가상 사례로 들여다보는 AI의 공실 예측 리포트

AI 상권 분석가, 즉 랜덤 포레스트 모델이 어떻게 두 상가의 서로 다른 미래를 예측하는지, 가상 리포트를 통해 확인해 본다.

■ 가상 사례 1: 구도심 이면도로 상가의 '숨은 위험' 진단

한 투자자는 구도심 이면도로에 위치한, 임대료가 저렴해 보이는 1층 상가 매입을 고려 중이다.

우남건설, 항동지구서 1층 상가 6호실 선보여 | 동아일보 https://www.donga.com

(1) 대상 상가: A 상가

(2) 핵심 데이터:

- 유동인구: 시간당 200명(변화율 낮음)
- 임대료: 주변 시세 대비 10% 저렴
- 주변 경쟁강도: 반경 200m 내 동종 업종(카페/식당) 15개, 이 중 10년 이상 생존 점포 8개

- 지역 인구: 5년간 5% 감소, 고령인구 비율 증가

(3) **랜덤 포레스트의 위험 분석 과정:**

[개별 위험 신호 감지] 모델 내의 각 나무들은 서로 다른 위험 신호를 포착한다.

- Tree A: '유동인구 정체'와 '지역 인구 감소'를 조합하여 장기적인 상권 위축 가능성을 경고한다.
- Tree B: '경쟁 점포 수'가 매우 많고, 특히 '10년 이상 생존 점포'의 비율이 높다는 점에서 신규 점포가 진입하기 매우 어려운 '텃세 상권'임을 지적한다.
- Tree C: 저렴한 임대료는 사실 높은 공실 위험이 이미 반영된 결과일 수 있음을 다른 유사 사례를 통해 추론한다.

[종합적 위험 확률 도출] 랜덤 포레스트는 이러한 개별적인 위험 신호들을 종합한다. 그 결과, 비록 표면적인 임대료는 낮지만, 상권의 구조적 쇠퇴와 높은 진입 장벽으로 인해 새로운 임차인을 구하지 못하고 장기 공실로 이어질 가능성이 매우 높다고 판단한다.

(4) **최종 예측 결과: 1년 내 공실 발생 확률: 75%(고위험군)**

투자자는 눈앞의 저렴한 임대료라는 장점 뒤에 숨겨진, 상권의 구조적인 위험성을 명확히 인지하게 된다. AI는 단순한 수치 나열을 넘어, 왜 이 상가가 위험한지에 대한 종합적인 진단 리포트를 제공한 셈이다.

■ 가상 사례 2: 신도시 근린상가의 '미래 안정성' 예측

한 프랜차이즈 본사는 대규모 아파트 단지가 들어서는 신도시에 신규 지점을 개설할지 검토하고 있다.

(1) 대상 상가: B 상가

(2) 핵심 데이터:

- 배후 세대: 반경 500m 내 3,000세대 아파트(1년 내 입주 완료 예정)
- 교통 계획: 2년 후 상가 앞 버스 중앙차로 개통 예정
- 앵커 테넌트: 바로 옆 상가에 대형마트 입점 확정
- 현재 경쟁강도: 반경 500m 내 동종 업종 2개

(3) 랜덤 포레스트의 안정성 분석 과정:

[미래 가치 요소 분석] 이 경우, 랜덤 포레스트는 현재의 데이터보다 미래의 '잠재력'에 더 큰 가중치를 둔다.

- Tree X: '대규모 배후 세대 수'와 '입주 예정 시기'를 조합하여, 1년 후 잠재 고객이 폭발적으로 증가할 것을 예측한다.
- Tree Y: '대형마트 입점'이라는 앵커 테넌트가 유발할 집객 효과(Spillover Effect)와 '버스 중앙차로'라는 접근성 개선 효과를 매우 긍정적인 신호로 해석한다.
- Tree Z: '낮은 초기 경쟁강도'는 시장 선점 효과를 누릴 수 있는 기회 요인으로 판단한다.

[종합적 안정성 확률 도출] 모델은 현재는 다소 휑한 상권이지만, 1~2년 후의 확실한 호재들을 종합했을 때, 상가의 임차 수요가 매우 안정적으로 유지될 것이라 결론 내린다.

(4) 최종 예측 결과: 1년 내 공실 발생 확률: 10%(안정권)

프랜차이즈 본사는 이 예측 결과를 바탕으로, 초기 투자비용이 다소 높더라도 미래의 안정적인 수익을 기대하고 과감한 입점 결정을 내릴 수 있다. AI는 불확실한 미래의 청사진을 데이터에 기반한 '예측 가능한 안정성'으로 변환시켜 준 것이다.

5

부동산 이상 거래 및 사기 탐지와 가상사례

5.1. 수많은 거래 속, 사기의 미세한 흔적을 찾아내는 AI 탐정

건전한 부동산 시장을 위협하는 가장 큰 요인은 바로 이상 거래(Anomalous Transaction)와 사기이다. 시세를 인위적으로 부풀리는 '업계약', 개발이 불가능한 땅을 쪼개 파는 '기획부동산' 등 그 수법은 날로 교묘해지고 있다. 이러한 비정상적인 거래들은 정상적인 거래의 모습을 교묘하게 위장하고 있어, 개별 건만 봐서는 그 이상 징후를 포착하기가 매우 어렵다. 이는 마치 거대한 건초더미에서 바늘을 찾는 것과 같다.

"랜덤 포레스트(Random Forest)"는 이 어려운 과제를 수행하는 유능한 'AI 금융 탐정'의 역할을 한다. 먼저, 이 AI 탐정은 수백만 건의 정상적인 거래 데이터를 학습하여 '정상적인 거래란 무엇인가'에 대한 명확한 기준을 확립한다. 정상적인 거래의 가격 범위, 거래 당사자들의 특징, 자금 조달 방식, 매물이 시장에 머무는 기간 등 모든 속성을 입체적으로 이해하는 것이다.

그 후, 새로운 거래 데이터가 입력되면 랜덤 포레스트는 자신이 학습한 '정상성의 기준'에서 벗어나는 미세한 흔적들을 찾아낸다. 수백 개의 의사결정나무(탐정 요원)들이 각자의 관점에서 "시세 대비 가격이 비정상적으로 높은가?", "단기간에 동일인이 유사한 거래를 반복하는가?", "법인 설립 직후의 첫 거래인가?" 등 수십 가지 질문을 동시에 던져 의심스러운 점수를 매긴다. 이 점수들을 종합하여, 사기일 확률이 높은 거래를 '이상 거래'로 분류하고 사람에게 정밀 조사를 요청하는 경보를 울린다.

5.2. 가상 사례로 배우는 AI의 이상 거래 탐지 기법

AI 탐정이 어떻게 교묘하게 숨겨진 부동산 이상 거래의 꼬리를 잡는지, 두 가지 가상 사례를 통해 추적해 본다.

■ 랜덤 포레스트의 탐지 과정 가상 사례 1: '업계약'을 통한 시세 조작 의심 거래 탐지

한적한 신축 빌라 단지에서 특정 호실이 유독 높은 가격에 거래되었다는 데이터가 시스템에 입력되었다.

(1) 대상 거래: '행복빌라' 302호

(2) 이상 징후 데이터:

- 거래 가격: 5억 원(동일 평형의 최근 3개월 평균 실거래가 3억 5천만 원 대비 40% 이상 높음)
- 자금 조달: 매수자의 주택담보대출비율(LTV)이 90%에 육박함(비정상적으로 높음)
- 거래 기간: 매물 등록 후 단 3일 만에 계약 체결(이례적으로 빠름)
- 거래 당사자:(추가 정보 확인 시) 매도 법인의 대표와 매수자가 특수관계인으로 의심됨

(3) 랜덤 포레스트의 탐지 과정:

[개별 이상 신호 포착] 모델 내 수백 개의 나무들이 각기 다른 적색 경보를 울린다.

- Tree A: '시세 대비 가격 괴리율'이 정상 범주(예: ±10%)를 훨씬 초과함을 발견한다.
- Tree B: 'LTV 90%'라는 조건은 일반적인 금융기관의 대출 심사 기준을 벗어난 비정상적인 자금 흐름임을 지적한다.

- Tree C: '3일'이라는 초단기 거래 기간은 정상적인 시장 탐색 과정을 거치지 않은 '짜고 치는' 거래일 가능성을 시사한다.

[사기 패턴 종합] 랜덤 포레스트는 이러한 개별 경보들이 단일 건에 동시에 나타나는 패턴이, 과거 학습했던 '시세 조작을 위한 업계약' 사기 유형과 매우 유사하다고 종합적으로 판단한다.

4) 최종 예측 결과: 이상 거래 확률: 92%(특별 관리 대상)

시스템은 해당 거래를 즉시 '고위험 이상 거래'로 분류하여 감독 기관에 통보한다. AI는 개별적으로는 놓칠 수 있는 여러 단서들을 유기적으로 결합하여, 시장 질서를 교란하는 불법행위의 증거를 찾아낸 것이다.

■ 랜덤 포레스트의 탐지 과정 가상 사례 2:
유령 회사를 이용한 '기획부동산' 사기 탐지

개발이 불가능한 경기도의 한 임야(산지)가 여러 개의 필지로 분할되어 개인들에게 높은 가격에 판매되고 있다.

(1) 대상 거래: '푸른임야' 135-1, 135-2, 135-3…

(2) 이상 징후 데이터:

- 매도자: 설립 3개월 차, 자본금 100만 원의 주식회사 '미래개발'
- 토지 이력: 지난 30년간 거래 이력 전무, 용도 '보전녹지지역'으로 개발 행위 제한
- 거래 가격: 공시지가 대비 10배 이상 높은 가격에 거래
- 패턴: '미래개발'이 최근 6개월간 경기도, 강원도 등 여러 지역에서 유사한 조건의 임야를 다수의 개인에게 쪼개어 판매한 이력이 발견됨

경기도 "수용성 부동산 급등? 기획부동산 피해 우려" - 파이낸셜뉴스
https://www.fnnews.com

(3) **랜덤 포레스트의 탐지 과정:**

[사기 주체 식별] 랜덤 포레스트는 개별 토지 거래뿐만 아니라, '매도자'를 중심으로 데이터를 재구성하여 분석한다.

- '설립 3개월', '자본금 100만 원'이라는 조건은 정상적인 개발 회사의 프로필과 현저히 다름을 발견한다.
- 과거 '기획부동산' 사기 사례에서 나타난 유령 회사들의 특징과 일치함을 확인한다.

[사기 행위 패턴화] AI는 '미래개발'이라는 동일한 판매자가 ① 개발 불능 토지를 ② 공시지가 대비 폭등한 가격으로 ③ 다수의 개인에게 ④ 반복적으로 쪼개 파는 행위가, 전형적인 '기획부동산' 사기 모델의 '시그니처'임을 식별한다.

(4) **최종 예측 결과:** '미래개발' 연관 거래 전체에 대한 '기획부동산 사기' 경보 발령

AI는 단순히 한 건의 거래를 넘어, 특정 사기 주체의 모든 활동을 하나의 패턴으로 묶어 분석함으로써 더 큰 피해가 발생하는 것을 막는다. 이는 흩어진 점들을 연결하여 범죄의 전체 그림을 그려내는 유능한 프로파일러의 역할과 같다.

주제
7

나이브 베이즈(Naive Bayes)를 활용한 부동산 분류

1

도시부동산 가치 평가에서 나이브 베이즈(Naive Bayes)의 목표, 작동원리 및 기술, 역할, 장단점, 활용예시

구분	내용
목표	부동산의 정확한 가격(연속값) 예측이 아닌, 주어진 특성을 바탕으로 해당 부동산이 사전에 정의된 특정 범주(Class)로 분류될 확률을 계산하는 것을 목표로 한다. (예: '고가/중가/저가', '투자가치 높음/보통/낮음'으로 분류)
작동 원리 및 기술	'베이즈 정리(Bayes' Theorem)'를 기반으로 특정 특성(B)이 관찰되었을 때 특정 클래스(A)에 속할 사후 확률 $P(A
역할	대량의 부동산 데이터를 대상으로 정밀 분석에 앞서 신속하게 1차 필터링 및 분류를 수행하는 '베이스라인 모델(Baseline Model)' 또는 '사전 처리 도구'의 역할을 담당한다. 이를 통해 분석의 효율성을 높이고 잠재 가치가 높은 후보군을 빠르게 선별한다.

장단점	장점: • 알고리즘이 단순하고 계산 속도가 매우 빠르다. • 적은 양의 훈련 데이터로도 준수한 성능을 보인다. • 텍스트 데이터 분류 등 특정 분야에서 강력한 성능을 발휘한다. 단점: • 모든 특성이 독립적이라는 가정이 현실과 달라 정확도에 한계가 있다. • 가격 예측과 같은 회귀(Regression) 문제에는 직접 적용할 수 없다.
도시 부동산 활용 예시	'잠재적 저평가 아파트 후보군 선별 시스템' • 입력 데이터: 아파트별 특성(위치, 학군, 연식, 세대 수 등) • 분류 클래스: '고평가', '적정가', '저평가' • 작동: 각 아파트의 특성을 기반으로 '저평가' 클래스에 속할 확률을 계산한다. • 결과: '저평가' 확률이 가장 높은 아파트 리스트를 투자 분석팀에 제공하여 후속 정밀 분석의 대상으로 삼는다.

2

도시부동산에서 나이브 베이즈 기반의 확률 기반 가치 추정과 가상사례

2.1. 증거 기반 추론: AI가 부동산의 가치 등급을 확률로 말하다

이 알고리즘이 '나이브(Naive, 순진한)'라고 불리는 이유는 한 가지 단순하지만 강력한 가정을 전제로 하기 때문이다. 바로 각 부동산의 특성들이 서로 독립적이라고 가정하는 것이다.

"이 아파트는 강남구에 있고, 역세권이며, 대단지이다. 그렇다면 이 아파트는 '고가(高價)' 아파트일 확률이 몇 퍼센트일까?" 이 질문이 바로 나이브 베이즈(Naive Bayes) 알고리즘이 도시부동산 가치를 추정하는 핵심적인 접근 방식이다.

나이브 베이즈는 확률 이론의 근간이 되는 베이즈 정리(Bayes' Theorem)에 기반한 분류 알고리즘이다. 이는 마치 유능한 탐정이 여러 증거(특성)를 바탕으로 범인일 확률을 계산하는 것과 같다. 부동산에서는 위치, 종류, 면적, 학군과 같은 각각의 '특성(증거)'들이 나타났을 때, 이 부동산이 '고가', '중가', '저가' 그룹 중 어디에 속할 조건부 확률(Conditional Probability)을 계산한다.

2.2. 가상 사례로 체험하는 확률 기반 가치 분류

AI가 나이브 베이즈 모델을 활용하여, 주어진 정보를 바탕으로 부동산의 가치 등급을 확률적으로 어떻게 분류하는지 두 가지 가상 사례를 통해 알아본다.

〈학습된 데이터 기반의 사전 확률 - 가상〉

- '고가 그룹: 강남구(80%), 아파트(70%), 역세권(80%), 우수학군(90%) 특성을 가질 확률이 높다.
- '중가 그룹: 마포구(60%), 빌라(50%), 역세권(70%), 보통학군(60%) 특성을 가질 확률이 높다.

■ 나이브 베이즈의 확률 계산 과정 가상 사례 1: '강남 퍼스트' 아파트의 가치 등급 분류

한 예비 신혼부부가 '강남 퍼스트' 아파트의 가치 등급이 궁금하여 AI 분류 시스템에 정보를 입력한다.

(1) 대상 부동산: '강남 퍼스트'

(2) 주요 특성(증거):

- 위치: 강남구

- 종류: 아파트
- 교통: 역세권
- 학군: 우수학군

(3) 나이브 베이즈의 확률 계산 과정:

[고가일 확률 계산] AI는 이 아파트가 '고가' 그룹에 속할 확률을 계산한다. 베이즈 정리에 따라, '강남구', '아파트', '역세권', '우수학군'이라는 증거들이 주어졌을 때 '고가'일 확률을 계산한다. 학습된 데이터에 따르면 이 모든 특성은 '고가' 그룹에서 나타날 확률이 매우 높다.

[중가/저가일 확률 계산] 동시에 '중가' 혹은 '저가' 그룹에 속할 확률도 계산한다. 하지만 '강남구'나 '우수학군' 같은 특성은 '중가'나 '저가' 그룹에서는 나타날 확률이 현저히 낮으므로, 계산된 확률값은 매우 낮게 나온다.

(4) 최종 분류 결과:

- P(고가 그룹 | 증거): 95%
- P(중가 그룹 | 증거): 4%
- P(저가 그룹 | 증거): 1%
- 결론: AI는 주어진 특성들을 종합했을 때, 이 아파트가 '고가 그룹'에 속할 확률이 95%라고 명확하게 분류한다.

■ 나이브 베이즈의 확률 계산 과정 가상 사례 2: '마포 드림빌라'의 가치 등급 분류

사회초년생 박 씨는 '마포 드림빌라'가 합리적인 가격대인지 판단하기 위해 AI 분류 시스템을 활용한다.

(1) 대상 부동산: '마포 드림빌라'

(2) 주요 특성(증거):

- 위치: 마포구
- 종류: 빌라
- 교통: 역세권
- 학군: 보통학군

(3) 나이브 베이즈의 확률 계산 과정:

[상충되는 증거 분석] AI는 각 특성이 어떤 그룹에 속할 확률이 높은지 분석한다.

- '마포구'와 '역세권'은 '중가' 그룹일 확률을 높이는 강력한 증거이다.
- '빌라'라는 종류는 '고가' 그룹일 확률을 낮추고, '중가' 또는 '저가' 그룹일 확률을 높인다.
- '보통학군'은 비교적 중립적인 증거로 작용한다.

[각 그룹별 최종 확률 계산] 모델은 이 상충되는 증거들의 확률을 종합적으로 계산한다. 그 결과, '고가'이기에는 부족하고 '저가'이기에는 입지(마포 역세권)가 너무 좋아, '중가' 그룹일 확률이 가장 높게 집계된다.

(4) 최종 분류 결과:

- P(고가 그룹 | 증거): 15%
- P(중가 그룹 | 증거): 75%
- P(저가 그룹 | 증거): 10%
- 결론: AI는 이 빌라가 '중가 그룹'에 속할 확률이 75%라고 제시한다. 이는 박 씨에게 해당 빌라가 터무니없는 가격이 아닌, 입지에 부합하는 합리적인 가격대의 부동산일 가능성이 높다는 객관적인 판단 근거를 제공한다.

3

뉴스, 감정어, 공공데이터를 기반으로 한 도시부동산 가치 예측과 가상사례

3.1. 도시의 목소리를 듣다: 텍스트 데이터로 미래가치를 읽는 AI

부동산의 가치는 벽돌과 시멘트로만 결정되지 않는다. 그 지역을 둘러싼 '이야기'와 '분위기'가 가치에 지대한 영향을 미친다. "GTX 노선 확정"이라는 뉴스 한 줄, "살기 좋은 동네"라는 온라인 커뮤니티의 긍정적 평가, "재개발 갈등 심화"라는 기사의 부정적 뉘앙스. 이러한 텍스트 데이터들은 해당 지역의 미래가치를 예측할 수 있는 매우 중요한 증거가 된다.

나이브 베이즈(Naive Bayes) 알고리즘은 이러한 비정형(Unstructured) 텍스트 데이터를 가치 예측의 세계로 끌어들이는 강력한 다리 역할을 한다. AI는 먼저 자연어 처리(NLP) 기술을 통해 수많은 뉴스 기사, 블로그, 소셜 미디어 게시물에서 핵심 키워드와 "감성어(Sentiment Word)"를 추출한다. '기대감', '쾌적한', '상승'과 같은 단어는 긍정 신호로, '우려', '갈등', '하락'과 같은 단어는 부정 신호로 학습한다.

그 후, 나이브 베이즈 모델은 특정 지역에서 이러한 긍정 또는 부정 신호들이 인구 데이터, 거래량과 같은 전통적인 공공데이터와 함께 나타났을 때, 미래의 부동산 가치가 '상승할 확률', '보합일 확률', '하락할 확률'을 각각 계산한다. 즉, 도시가 스스로 내는 목소리와 감정을 정량적인 데이터로 변환하여, 가장 가능성 높은 미래의 시나리오를 과학적으로 예측하는 것이다.

3.2. 가상 사례로 분석하는 텍스트 기반 가치 예측

AI가 어떻게 도시의 텍스트 데이터를 해석하여 미래가치를 예측하는지, 두 가지 상반된 가상 사례를 통해 살펴본다.

〈학습된 데이터 기반의 사전 확률 – 가상〉

- 가치 상승 지역: 'GTX', '신설', '기대감' 키워드 및 긍정 감성어 출현 빈도가 높다.
- 가치 하락 지역: '갈등', '혐오시설', '우려' 키워드 및 부정 감성어 출현 빈도가 높다.

■ 나이브 베이즈의 확률 계산 과정 가상 사례 1:
'파주시 운정지구'의 가치 상승 확률 예측

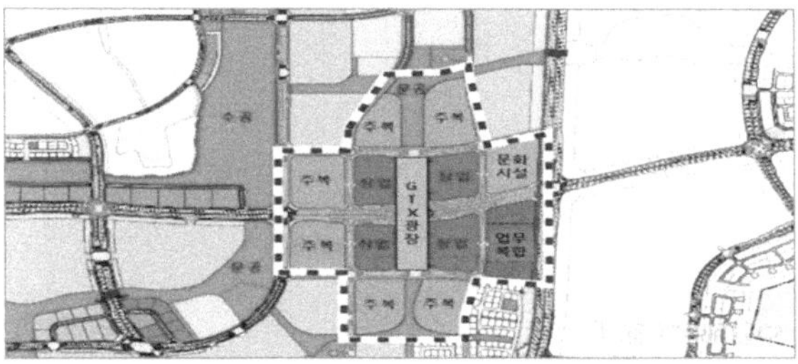

파주운정3지구 GTX 역세권 개발계획 수립 [라펜트 조경뉴스]
https://www.lafent.com

한 투자자가 최근 뉴스에 자주 오르내리는 파주시 운정지구의 미래가치가 궁금하여 AI 예측 시스템에 분석을 의뢰한다.

(1) 수집된 데이터(최근 3개월):

- 뉴스 데이터: "GTX-A 노선 개통 임박", "운정 테크노밸리 조성", "스타필드 빌리지 착공" 등 개발 관련 키워드 500회 이상 출현.

- 감성어 데이터: 지역 커뮤니티 및 뉴스 댓글 분석 결과, '기대된다', '살기 좋아진다', '호재' 등 긍정 감성어 비율 85%.
- 공공 데이터: 20-30대 젊은 층 인구 순유입 지속, 아파트 거래량 전 분기 대비 15% 증가.

(2) 나이브 베이즈의 확률 계산 과정:

[긍정 증거 종합] AI는 'GTX', '테크노밸리'와 같은 강력한 개발 키워드와 높은 긍정 감성어 비율, 그리고 실제 인구 및 거래량 증가라는 객관적 데이터가 동시에 나타난 패턴에 주목한다.

[확률 계산] 과거 유사한 패턴(예: 동탄, 광교 신도시 초기)을 보였던 지역들이 대부분 '가치 상승'으로 귀결되었던 데이터를 기반으로, 운정지구가 '가치 상승' 그룹에 속할 확률을 계산한다. 다른 그룹('보합' 또는 '하락')에 속할 확률은 상대적으로 매우 낮게 계산된다.

(3) 최종 예측 결과:

- P(가치 상승 | 증거): 90%
- P(가치 보합 | 증거): 9%
- P(가치 하락 | 증거): 1%
- 결론: AI는 텍스트와 공공데이터를 종합하여, 해당 지역의 부동산 가치가 향후 1~2년 내 상승할 확률이 90%에 달한다고 예측한다.

■ 나이브 베이즈의 확률 계산 과정 가상 사례 2: '강북구 재개발 정체' 지역의 가치 하락 위험 예측

한 실거주자는 자신이 사는 강북구의 한 노후 주택가의 분위기가 심상치 않다고 느껴, AI 시스템에 지역의 미래를 진단받는다.

(1) 수집된 데이터(최근 3개월):

- 뉴스 데이터: "재개발 조합 내분 심화", "사업성 악화로 시공사 선정 난항", "주민 갈등 격화" 등 부정적 키워드 150회 이상 출현.
- 감성어 데이터: 관련 뉴스 댓글 및 지역 카페 분석 결과, '지겹다', '희망 없다', '불안하다' 등 부정 감성어 비율 90%.
- 공공 데이터: 매물 적체 심화(전 분기 대비 매물 20% 증가), 거래량 급감.

(2) 나이브 베이즈의 확률 계산 과정:

[부정 증거 종합] AI는 '내분', '갈등', '사업성 악화'와 같은 키워드와 압도적인 부정 감성어, 그리고 매물 증가 및 거래량 감소라는 시장 지표가 동시에 나타나는 위험한 조합을 식별한다.

[확률 계산] 과거 재개발이 장기 표류하거나 무산되었던 다른 지역들에서 공통으로 나타났던 패턴과 현재 이 지역의 패턴이 매우 유사하다고 판단한다. 이에 따라 '가치 하락' 그룹에 속할 확률이 가장 높다고 계산한다.

(3) 최종 예측 결과:

- P(가치 상승 | 증거): 5%
- P(가치 보합 | 증거): 20%
- P(가치 하락 | 증거): 75%
- 결론: AI는 해당 지역의 부정적 여론과 실제 시장 데이터가 결합하여, 향후 가치가 하락할 위험이 75%라는 강력한 경고를 보낸다. 이는 실거주자에게 잠재적 자산 가치 하락에 대비해야 한다는 객관적인 시그널이 된다.

4

도시부동산 분야에서 분양 성패 예측을 위한 확률적 사고 실험과 가상사례

4.1. 미래를 시뮬레이션 하다: 분양의 성공 방정식을 미리 풀어보는 AI

건설사가 새로운 아파트 단지나 오피스텔을 분양하기 전, 그들의 머릿속은 수많은 질문으로 가득 차 있다. "분양가를 얼마로 책정해야 할까?", "어떤 평형을 주력으로 내세워야 할까?", "우리 회사 브랜드가 이 지역에서 통할까?" 이러한 결정 하나하나가 수천억 원이 걸린 프로젝트의 성패를 좌우한다. 만약, 첫 삽을 뜨기 전에 이 모든 시나리오를 미리 시뮬레이션해보고 성공 확률을 계산할 수 있다면 어떨까?

나이브 베이즈(Naive Bayes) 알고리즘은 바로 이 '확률적 사고 실험'을 가능하게 하는 강력한 도구가 된다. 이는 마치 미래에 벌어질 분양 현장을 두고, 과거의 수많은 성공 및 실패 사례 데이터를 학습한 AI가 각 시나리오별 성공 가능성을 확률로 점쳐보는 것과 같다. 개발사는 아직 존재하지 않는 가상의 프로젝트에 대한 계획(예: 시공사 브랜드, 가격 수준, 주력 평형, 입지 특성)을 '증거'로 제시한다. 그러면 나이브 베이즈 모델은 이 증거들의 조합이 과거 데이터상 '분양 성공'으로 이어졌는지, 혹은 '분양 부진'으로 이어졌는지를 분석하여 가장 가능성 높은 결과를 확률(%)로 알려준다.

이러한 사전 시뮬레이션은 단순한 점치기를 넘어, 어떤 요소가 성공의 핵심 동인(Key Driver)인지, 어떤 전략을 수정해야 실패 확률을 줄일 수 있는지를 알려주는 과학적인 '사전 점검(Pre-mortem)' 과정이다. 이를 통해 개발사는 위험을 최소화하고 성공 확률을 극대화하는 최적의 의사결정을 내릴 수 있다.

4.2. 가상 사례를 통한 분양 성공 확률 시뮬레이션

AI가 어떻게 나이브 베이즈 모델을 활용하여 가상의 분양 프로젝트의 운명을 예측하고, 전략 수정을 이끄는지 두 가지 사례를 통해 살펴본다.

〈학습된 데이터 기반의 사전 확률 - 가상〉

- 분양 성공 프로젝트: 1군 브랜드(80%), 주력 84㎡(70%), 신도시 입지(75%) 특성이 많다.
- 분양 부진 프로젝트: 3군 브랜드(60%), 소형 평형(29㎡) 과다(55%), 높은 분양가(70%) 특성이 많다.

■ 나이브 베이즈의 확률적 사고 실험 가상 사례 1: '알파 팰리스' 대단지 아파트의 분양 성공 확률 분석

대한민국 굴지의 '알파 건설'은 수도권 신도시에 대규모 아파트 단지 분양을 계획하고, 그 성공 가능성을 AI를 통해 사전 검증하고자 한다.

(1) 프로젝트 계획(증거):

- 시공사 브랜드: 알파 건설(1군 메이저 브랜드)
- 가격 수준: 주변 시세 대비 5% 높음
- 주력 평형: 전용 84㎡
- 입지 특성: 대규모 신도시 택지지구

(2) 나이브 베이즈의 확률적 사고 실험:

[성공 확률 계산] AI는 이 프로젝트가 '분양 성공' 그룹에 속할 확률

5

건축물대장 텍스트로 리모델링 수요 예측과 가상사례

5.1. 잠자는 서류를 깨우다: 건축물대장에서 미래의 기회를 읽는 AI

모든 건물은 건축물대장이라는 고유의 이력서를 가지고 있다. 여기에는 준공연도, 구조, 용도, 그리고 과거의 변경 이력(증축, 대수선, 용도변경, 위반건축물 등재 등)이 텍스트로 고스란히 기록되어 있다. 언뜻 보기에 무미건조한 이 서류는 사실 건물의 상태와 잠재적 수요를 알려주는 보물지도와 같다.

나이브 베이즈(Naive Bayes) 알고리즘은 이 보물지도를 해독하는 'AI 건축 분석가'가 된다. AI는 먼저, 과거 실제로 리모델링이나 대수선이 진행되었던 수많은 건물의 건축물대장 데이터를 학습한다. 이 과정에서 '연와조(벽돌 구조)', '준공 30년 경과', '위반건축물' 등 특정 단어나 구문이 '리모델링 수요 발생'과 얼마나 높은 확률적 연관성을 갖는지 파악한다. 예를 들어, 과거 데이터를 통해 "준공된 지 30년이 넘은 '연와조' 건물이 '증축' 이력이 있을 경우, 3년 내 리모델링될 확률이 70%에 달한다"와 같은 확률 규칙을 스스로 정립하는 것이다.

이후, 분석하고 싶은 건물의 건축물대장 정보를 입력하면, 나이브 베이즈는 기록된 텍스트 '증거'들을 기반으로 이 건물이 가까운 미래에 '리모델링 유망' 그룹에 속할지, 아니면 '현상 유지' 그룹에 속할지를 확률적으로 예측하여 제시한다. 이는 잠자는 서류 속에서 미래의 사업 기회와 도시재생의 필요성을 발견하는 혁신적인 접근법이 된다.

5.2. 가상 사례로 해독하는 건축물대장 속 리모델링 신호

일반건축물대장(갑)

03	정부24접수번호	20210707-13	명칭	호수/가구수/세
도 의정부시 가능동	지번		도로명주소 경기도 의정부시	
연면적 768.6㎡	※지역		※지구	※구역
용적률 산정용 연면적 576.45㎡	주구조 철근콘크리트		주용도 근린생활시설, 주택	층수
※용적률 %	높이 m		지붕 스라브	부속건
※공개 공지·공간 면적 ㎡	※건축선 후퇴면적 ㎡		※건축선 후퇴거리	

건축물 현황			소유자 현황	
	용도	면적(㎡)	성명(명칭) 주민(법인)등록번호 (부동산등기용등록번호)	주소
라브	근린생활시설	192.15		경기
라브	근린생활시설	192.15	1120004*******	
라브	근린생활시설	192.15		- 이하여백 -

건축물대장 보는 방법 - 건폐율, 용적률, 연면적, 건축면적, 대지면적

AI 건축 분석가가 어떻게 건축물대장의 텍스트를 해석하여 리모델링 수요를 예측하는지, 두 가지 가상 사례를 통해 살펴본다.

〈학습된 데이터 기반의 사전 확률 – 가상〉

- 리모델링 유망(상업용): '연와조', '공장', '1980년대 준공', '증축' 키워드가 나타날 확률 높음.
- 리모델링 유망(주거 유지보수): '시멘트벽돌조', '1990년대 준공', '위반건축물', '방수' 키워드가 나타날 확률 높음.

■ 나이브 베이즈의 수요 예측 과정 가상 사례 1: '성수동 붉은 벽돌 공장'의 잠재 가치 발견

한 부동산 투자사가 최근 핫플레이스로 떠오른 성수동의 낡은 공장 건물의 매입을 고려하며, 리모델링 가치를 AI로 분석한다.

(1) 대상 건물 건축물대장 발췌(증거):

- [준공연도] 1985년
- [주구조] 연와조
- [주용도] 공장

- [변동사항] 1995.05.10. 1층 일부 증축(사무실). 2005.11.20. 소유권 이전.

(2) 나이브 베이즈의 수요 예측 과정:

[핵심 증거 조합 분석] AI는 이 건물의 건축물대장에서 4가지 핵심 증거를 포착한다. '1985년 준공', '연와조(붉은 벽돌)', '공장', '증축 이력'.

[확률 계산] AI는 과거 학습 데이터베이스를 참조한다. 성수동과 같은 도심 지역에서 이러한 증거들의 조합을 가진 건물들이 대규모 리모델링을 통해 카페, 스튜디오, 쇼룸 등 고부가가치 상업시설로 변모한 사례가 매우 많았음을 확인한다. 각 증거가 '리모델링 유망(상업용)' 그룹에 속할 확률을 종합하여 계산한다.

(3) 최종 예측 결과:

- P(리모델링 유망 - 상업용 | 증거): 92%
- P(현상 유지 | 증거): 8%
- 결론: AI는 이 낡은 공장이 상업용도로 리모델링될 잠재력이 92%에 달한다고 예측한다. 투자사는 이 객관적인 확률 데이터를 근거로, 단순한 공장 매입이 아닌 '고수익 상업시설 개발'이라는 확신을 갖고 투자 의사결정을 내릴 수 있다.

■ 나이브 베이즈의 수요 예측 과정 가상 사례 2: '평범한 다가구주택'의 유지보수 시점 예측

리모델링 전문 업체가 마케팅 대상 지역을 물색하던 중, 한 다가구주택의 건축물대장 정보를 AI 시스템으로 분석한다.

(1) 대상 건물 건축물대장 발췌(증거):

- [준공연도] 1992년
- [주구조] 시멘트벽돌조
- [지붕](철근)콘크리트
- [변동사항] 2002.08.15. 옥상 방수 공사.
- [위반건축물여부] 위반건축물(2015.03.02. 무단 증축 - 3층 발코니)

(2) 나이브 베이즈의 수요 예측 과정:

[유지보수 신호 포착] AI는 이 건물의 정보에서 중요한 신호들을 발견한다. '1992년 준공(준공 30년 초과)', '시멘트벽돌조', 그리고 특히 과거의 '옥상 방수 공사' 이력과 현재의 '위반건축물' 상태.

[확률 계산] '옥상 방수'는 건물의 노후화에 따른 대표적인 유지보수 이력이다. '위반건축물' 등재는 종종 전체 리모델링 시 함께 양성화하려는 수요를 유발한다. AI는 이러한 증거들의 조합이 대규모 가치 상승 리모델링보다는, 노후화에 따른 '필수적인 주거 기능 개선 및 유지보수' 수요로 이어질 확률이 매우 높다고 계산한다.

(3) 최종 예측 결과:

- P(리모델링 유망 - 주거 유지보수 | 증거): 85%
- P(현상 유지 | 증거): 15%
- 결론: 리모델링 업체는 이 다가구주택이 향후 1~2년 내에 대규모 수선 또는 리모델링 공사 수요가 발생할 확률이 85%라고 예측한다. 업체는 이 확률적 근거를 바탕으로 해당 건물 소유주에게 맞춤형 리모델링(단열, 방수, 위반건축물 양성화 컨설팅 등)을 제안하는 선제적인 마케팅 활동을 펼칠 수 있다.

주제 8

서포트 벡터 머신(SVM)을 활용한 경계 판별

1

도시부동산 가치 평가에서 서포트 벡터 머신(SVM)의 목표, 작동원리 및 기술, 역할, 장단점, 활용예시

구분	내용
목표	주어진 도시부동산 데이터를 가장 명확하게 구분하는 최적의 경계선(결정 경계, Decision Boundary)을 찾는 것을 목표로 한다. 이를 통해 데이터를 특정 카테고리(예: '고가 주택 지역' vs '중저가 주택 지역', '개발 유망 부지' vs '개발 부적합 부지')로 분류하거나, 연속적인 값(예: 주택 가격)을 예측하는 데 사용된다.
작동 원리 및 기술	SVM은 각 데이터 그룹 간의 마진(Margin)을 최대화하는 초평면(Hyperplane)을 찾는 방식으로 작동한다. 1. 초평면(Hyperplane): 2차원 공간에서는 '선', 3차원 공간에서는 '평면'과 같이, 데이터를 나누는 기준이 되는 경계를 의미한다. 2. 서포트 벡터(Support Vectors): 이 결정 경계와 가장 가까이 있는 각 그룹의 데이터 포인트들을 의미한다. 이들이 결정 경계를 정의하는 데 가장 중요한 역할을 한다. 3. 마진(Margin): 결정 경계와 서포트 벡터 사이의 거리를 의미하며, SVM은 이 마진을 최대로 넓히는 경계선을 찾는다. 마진이 넓을수록 새로운 데이터에 대한 일반화 성능이 뛰어나다고 본다. 4. 커널 트릭(Kernel Trick): 선형적으로 분리하기 어려운 복잡한 데이터(예: 도심과 외곽이 섞인 주택 가격 데이터)를 더 높은 차원의 공간으로 보내어 선형 분리가 가능하도록 만드는 기술이다.

역할	도시부동산 가치 평가에서 SVM은 강력한 분류기(Classifier) 및 회귀(Regression) 모델의 역할을 수행한다. 특히 데이터의 특성이 매우 많고 복잡하여 명확한 패턴을 찾기 어려울 때, 최적의 경계선을 찾아내어 부동산의 등급을 분류하거나(예: 상권 등급), 가격과 같은 연속된 값을 예측하는 데 높은 성능을 발휘한다.
장단점	장점: • 높은 일반화 성능: 마진 최대화를 통해 훈련 데이터에 과적합될 위험이 적고, 새로운 데이터에 대한 예측 정확도가 높다. • 고차원 데이터에 효과적: 변수(특성)의 수가 데이터의 수보다 많은 경우에도 잘 작동한다. • 다양한 문제 적용: 커널 트릭을 통해 복잡한 비선형 문제 해결에도 효과적이다. 단점: • 계산 복잡성: 대용량 데이터 셋을 훈련시킬 때 계산 속도가 느려질 수 있다. • 설명력 부족: 랜덤 포레스트나 의사결정나무에 비해 모델의 내부 작동 원리를 직관적으로 해석하기가 어렵다.('왜' 그렇게 분류했는지 설명하기 어렵다.) • 커널 및 매개변수 선택: 어떤 커널 함수와 매개변수를 사용하느냐에 따라 모델의 성능이 크게 달라져, 사용자의 전문성이 요구된다.
도시 부동산 활용 예시	• 지가 급등 지역 분류: 특정 지역의 토지 관련 데이터(용도지역, 경사도, 접근성, 주변 거래량 등)를 학습하여, 향후 1년 내 지가가 급등할 지역과 그렇지 않을 지역을 분류하는 모델을 구축한다. • 상권 등급 분류: 상권 내 데이터(유동인구, 점포 수, 매출액, 공실률, 임대료 등)를 기반으로 해당 상권을 'A등급(활성화)', 'B등급(정체)', 'C등급(쇠퇴)'으로 분류하여 투자 위험도를 평가한다. • 주택 가격 예측(SVR - Support Vector Regression): SVM을 회귀 문제에 적용한 SVR을 사용하여, 아파트의 여러 특성(면적, 층수, 건축 연도, 학군, 교통)을 바탕으로 구체적인 매매 가격을 예측한다. • 도시 쇠퇴 지역 판별: 인구 변화, 산업 구조, 노후 건축물 비율, 공공 서비스 수준 등 다양한 도시 지표를 종합하여 쇠퇴가 진행 중이거나 임박한 지역을 조기에 판별하고 도시재생 정책 수립의 근거로 활용한다.

2

"서포트 벡터 머신(SVM)을 활용하여 주거와 상업지의 경계를 수학적으로 정의하다"와 가상사례

2.1. 보이지 않는 선을 긋다: 데이터로 찾는 최적의 도시 경계

도시 공간 속 주거지와 상업지는 명확히 구분되기보다 서로 스며들며 복잡한 경계를 이룬다. 그렇다면 이 두 기능의 영역을 가르는 가장 합리적이고 명확한 '경계선'은 어떻게 찾을 수 있을까? 서포트 벡터 머신(Support Vector Machine, SVM)은 바로 이 질문에 대해 기하학적으로 가장 완벽한 해답을 제시하는 알고리즘이다.

SVM은 두 데이터 그룹(주거지 데이터와 상업지 데이터)을 나누는 무수히 많은 선들 중에서, 양쪽 그룹과 가장 멀리 떨어진, 즉 가장 넓은 간격(마진, Margin)을 확보하는 단 하나의 최적의 경계선(결정 경계, Decision Boundary)을 찾는 것을 목표로 한다. 이는 마치 두 나라 사이에 가장 넓은 비무장지대(DMZ)를 설정하여 충돌 가능성을 최소화하는 것과 같다.

이때 경계선을 정의하는 데 가장 중요한 역할을 하는 데이터, 즉 경계선과 가장 가까이 맞닿아 있는 각 그룹의 최전방 데이터들을 서포트 벡터(Support Vectors)라고 부른다. 결국 SVM은 이 서포트 벡터들에 의해서만 경계선이 결정되므로, 나머지 데이터들의 영향을 받지 않는 매우 견고하고 일반화 성능이 뛰어난 모델을 구축한다. 이를 통해 우리는 도시 공간의 혼재된 데이터 속에서 가장 명확하고 안정적인 수학적 경계를 정의할 수 있게 된다.

2.2. 가상 사례로 그려보는 SVM의 최적 경계선

AI가 어떻게 SVM을 활용하여 주거지와 상업지를 구분하는 최적의 경계선을 찾아내는지, 두 가지 가상 사례를 통해 살펴본다.

■ SVM의 최적 경계 탐색 과정 가상 사례 1:
신도시 계획에서의 명확한 용도지역 구분

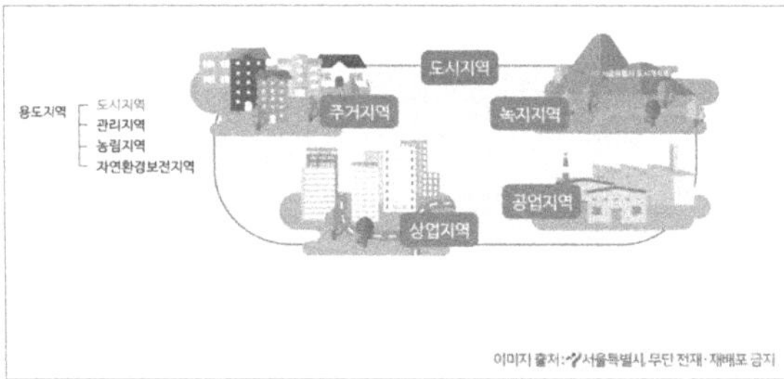

[도시지역] 용도지역 https://www.google.com/search

도시계획가들이 새로 조성하는 신도시에서 주거지역과 중심상업지역을 분리하는 최적의 경계 도로 노선을 결정하고자 한다.

(1) **분석 대상:** 신도시 내 주거용 필지와 상업용 필지의 예정 위치 데이터

(2) **주요 특성**(데이터 좌표): X축은 '중앙공원과의 거리', Y축은 '주간선도로와의 거리'로 설정

(3) SVM의 최적 경계 탐색 과정:

[데이터 시각화] 계획된 주거용 필지(파란 점)와 상업용 필지(붉은 점)들을 2차원 좌표 평면에 배치한다.

[마진 최대화 경계 탐색] SVM 알고리즘은 두 점들의 그룹을 나눌 수 있는 여러 직선 후보 중에서, 양 그룹의 가장 바깥쪽 점(서포트 벡터)들로부터의 거리가 가장 먼 직선을 탐색한다. 즉, 주거지역과

상업지역 사이에 가장 넓은 '완충 녹지'나 '이면도로'를 확보할 수 있는 최적의 경계선을 계산한다.

[최적 노선 결정] AI는 마진이 최대화되는 단 하나의 직선을 '최적 결정 경계'로 제시한다.

(4) **최종 결론**: 도시계획가나 부동산전문가들은 SVM이 제시한 이 수학적으로 가장 명확한 경계선을 기준으로 도로 노선을 계획함으로써, 두 용도지역 간의 간섭을 최소화하고 도시 기능의 효율성을 극대화하는 계획안을 수립할 수 있다.

■ SVM의 최적 경계 탐색 과정 가상 사례 2: 구도심 복합지역의 비선형 경계 탐지

한 부동산 분석가가 오래된 구도심 지역에서 상업화가 진행되며 주거지와 상업지가 복잡하게 얽힌 지역의 실제 경계를 분석하고자 한다.

(1) **분석 대상**: 구도심 내 개별 건물의 용도 데이터(주택, 상점, 카페, 공방 등)

(2) **문제 상황**: 주택가 골목 깊숙이 카페가 들어서고, 상점들 사이에 주택이 있는 등 데이터가 복잡하게 섞여 있어 직선으로는 도저히 나눌 수 없다.

(3) **SVM의 비선형 경계 탐색 과정(커널 트릭 활용)**:

[커널 트릭 적용] SVM은 이 복잡한 2차원 데이터를 '커널 트릭(Kernel Trick)'이라는 기술을 사용해 더 높은 차원(예: 3차원)의 가상 공간으로 보낸다. 놀랍게도, 낮은 차원에서는 분리 불가능해 보였던 데이터가 높은 차원에서는 하나의 '평면'으로 명확하게 나눌 수 있는 형태로 변형된다.

[고차원에서의 경계 탐색] AI는 이 3차원 공간에서 주거지와 상업지를 나누는 최적의 '결정 평면'을 찾는다.

[결과의 재변환] 마지막으로, 3차원에서 찾은 이 '결정 평면'을 다시 원래의 2차원 공간으로 투영한다.

(4) 최종 결론: 그 결과, 직선이 아닌 구불구불한 곡선 형태의 '비선형 결정 경계'가 나타난다. 이 곡선은 전통시장을 부드럽게 우회하거나, 특정 골목길을 따라 주거지와 상업지를 구분하는 등, 현실 세계의 복잡한 경계를 놀라울 정도로 정확하게 묘사한다. 분석가는 이를 통해 "이 지역의 상업화는 대로변이 아닌, 특정 골목을 따라 확산되고 있다"는 매우 정교하고 깊이 있는 통찰을 얻게 된다.

3

서포트 벡터 머신(SVM)을 활용한 고가와 저가 구역의 이분법적 분류와 가상사례

3.1. 부(富)의 지도를 그리다: 데이터로 찾는 가장 명확한 가치의 경계선

도시 안에는 보이지 않는 선이 존재한다. 어떤 선을 넘으면 고급 주택가가 펼쳐지고, 어떤 선을 넘으면 서민적인 동네가 나타난다. '서포트 벡터 머신(Support Vector Machine, SVM)'은 바로 이 '가치의 경계'를 데이터로부터 찾아내어, 지도 위에 가장 명확하고 안정적인 선으로 그려내는 강력한 알고리즘이다.

SVM의 목표는 고가 지역 데이터와 저가지역 데이터를 구분하는 최적의 경계선(결정 경계, Decision Boundary)을 찾는 것이다. 여기서 '최적'이란, 양쪽 데이터 그룹과 최대한 멀리 떨어져 가장 넓은 '간격(마진, Margin)'을 확보하는 것을 의미한다. 이는 마치 두 나라의 국경선을 설정할 때, 양국의 최전방 초소로부터 최대한 멀리 떨어지도록 하여 분쟁의 소지를 없애는 것과 같다.

이때 국경선의 위치를 결정하는 가장 중요한 최전방 초소들이 바로 서포트 벡터(Support Vectors)이다. 즉, 고가 지역 중에서 가장 경계선에 가까운 '막내 부자 동네'와, 저가 지역 중에서 가장 경계선에 가까운 '대장 서민 동네'가 이 경계선을 정의하는 핵심 역할을 한다. 이처럼 SVM은 가장 애매한 경계에 위치한 데이터들에 집중하여 가장 명확한 '이분법적 분류선'을 제시함으로써, 도시의 사회경제적 구조를 날카롭게 분석하는 도구가 된다.

3.2. 가상 사례로 확인하는 SVM의 가치 경계선

AI가 어떻게 SVM을 활용하여 도시의 부촌과 서민촌을 구분하는 최적의 선을 찾아내는지, 두 가지 가상 사례를 통해 살펴본다.

- **SVM의 최적 경계 탐색 과정 가상 사례 1: 강남과 강북, 부의 경계를 가르는 기준 탐색**

한 도시부동산학자가 서울의 강남(고가 지역)과 강북(저가 지역)을 구분하는 핵심적인 사회경제적 경계선을 데이터로 찾고자 한다.

(1) **분석 대상**: 서울시 내 각 행정동의 데이터

(2) **주요 특성(데이터 좌표)**: X축은 '가구당 월평균 소득', Y축은 '3.3㎡당 아파트 평균 가격'

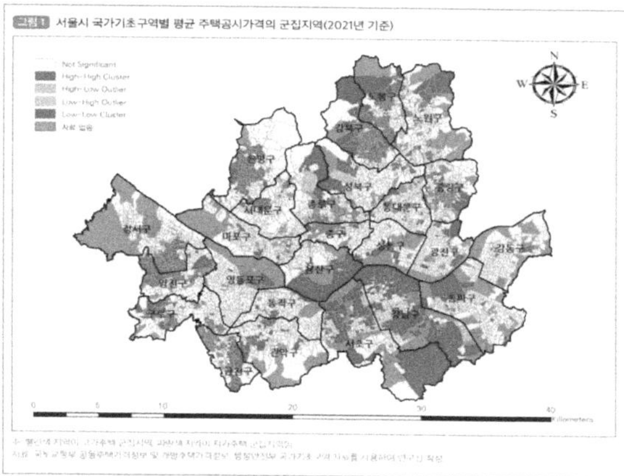

강북 38평보다 강남 13평 아파트를 사라고 전문가들이 조언하는 이유 : 네이버

(3) SVM의 최적 경계 탐색 과정:

[데이터 분포 분석] 각 행정동의 데이터를 좌표 평면에 점으로 표시한다. 강남 지역의 동들은 우측 상단에, 강북 지역의 동들은 좌측 하단에 군집을 이루는 경향을 보인다.

[마진 최대화 경계 탐색] SVM 알고리즘은 이 두 군집을 나누는 직선을 찾되, 강남 그룹의 점들과 강북 그룹의 점들 사이의 간격(마진)이 최대가 되는 단 하나의 직선을 계산한다.

[서포트 벡터 확인] 이 과정에서, 경계선과 가장 가까운 몇 개의 동(예: 강남 그룹에서는 서초구의 특정 동, 강북 그룹에서는 마포구의 특정 동)이 '서포트 벡터'로 지정되어 경계선을 결정하는 데 결정적인 역할을 한다.

(4) **최종 결론:** SVM은 단순히 지리적인 한강을 경계로 나누는 것이 아니라, '소득'과 '주택 가격'이라는 데이터를 기준으로 두 지역을 가장 명확하게 구분하는 사회경제적 경계선을 수학적으로 정의한다.

이 선은 "월 소득 X만 원과 평당 가격 Y만 원을 넘어서면 고가 지역으로 분류될 확률이 매우 높다"는 강력한 기준을 제시한다.

■ SVM의 최적 경계 탐색 과정 가상 사례 2:
판교 테크노밸리, 신흥 부촌의 경계 확장 분석

판교의 고급 주택 신흥 부촌 여건 구비 강남 대체에는 한계 | 매거진한경

한 부동산 투자사가 IT 기업들이 밀집한 판교 테크노밸리 주변에 형성된 신흥 부촌의 정확한 지리적 범위를 파악하고자 한다.

(1) **분석 대상:** 판교 및 주변 지역 아파트 단지 데이터

(2) **문제 상황:** 고소득 IT 종사자들이 거주하는 신축 아파트와 기존의 노후 주택들이 섞여 있어, 신흥 부촌의 경계가 어디까지인지 명확하지 않다. 데이터가 복잡하게 얽혀 직선으로 나누기 어렵다.

(3) **SVM의 비선형 경계 탐색 과정**(커널 트릭 활용):

[커널 트릭 적용] SVM은 커널 트릭(Kernel Trick)을 사용하여, 복잡하게 섞여있는 2차원 데이터를 더 높은 차원의 가상 공간으로 보내, 명확하게 분리될 수 있는 형태로 변환한다.

[고차원에서의 경계 탐색] AI는 이 고차원 공간에서 신흥 부촌(고가 지역)과 기존 주거지(저가 지역)를 가르는 최적의 '결정 평면'을 찾는다.

[결과의 재변환] 마지막으로, 고차원에서 찾은 이 평면을 다시 원래의 2차원 지도 위로 투영한다.

(4) **최종 결론**: 그 결과, 직선이 아닌 복잡한 곡선 형태의 경계선이 나타난다. 이 경계선은 테크노밸리를 중심으로 특정 신축 아파트 단지들 만을 정확히 감싸고, 오래된 주택가는 제외하는 형태를 띤다. 투자사는 이 비선형 경계선을 통해 신흥 부촌의 '진짜' 범위를 정확히 파악하고, 경계선 바로 바깥에 위치하여 미래에 편입될 가능성이 있는 '차기 유망 지역'을 발굴하는 등 매우 정교한 투자 전략을 수립할 수 있다.

4

서포트 벡터 머신(SVM)을 활용한 공실 리스크와 수익성 사이의 경계 찾기와 가상사례

4.1. 투자의 성공과 실패를 가르는 단 하나의 선을 찾아서

상가 투자의 세계는 높은 수익성에 대한 기대와 공실(Vacancy)이라는 리스크 사이의 아슬아슬한 줄타기와 같다. 그렇다면 이 성공과 실패, 즉 '안정적 수익형' 상가와 '고위험' 상가를 구분하는 가장 명확한 경계선은 어디에 있을까? 서포트 벡터 머신(Support Vector Machine, SVM)은 데이터 속에서 바로 이 최적의 경계선을 찾아내는, 투자의 위험을 최소화하는 날카로운 분석 도구이다.

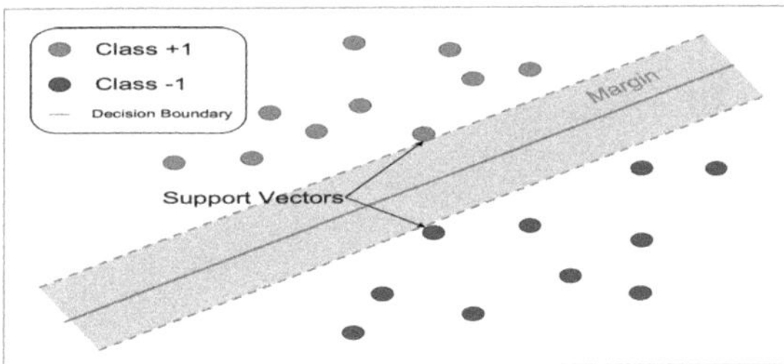

[머신러닝 정리] 서포트 벡터 머신(Support Vector Machine) https://prod.velog.io

SVM의 목표는 과거의 '수익형 상가' 데이터 그룹과 '공실 상가' 데이터 그룹을 가장 명확하게 나누는 최적의 결정 경계(Decision Boundary)를 찾는 것이다. SVM은 단순히 두 그룹을 나누는 것을 넘어, 두 그룹 사이의 간격, 즉 마진(Margin)을 최대로 확보하는 선을 찾는다. 이는 마치 수익이라는 아군 진영과 공실이라는 적군 진영 사이에 가장 넓은 '안전지대'를 설정하여, 섣부른 판단으로 위험에 빠질 가능성을 원천적으로 차단하는 것과 같다.

이때 이 안전지대의 경계선을 결정하는 것은 양쪽 진영의 최전선에 있는, 즉 가장 애매한 위치의 상가들인 "서포트 벡터(Support Vectors)"이다. 겨우겨우 수익을 내고 있는 상가와, 아슬아슬하게 실패한 상가들이 이 경계선을 정의한다. SVM은 이처럼 가장 중요한 경계 데이터에 집중함으로써, 투자자가 성공과 실패를 가르는 '결정적 차이'가 무엇인지 명확하게 인지하고 안정적인 의사결정을 내리도록 돕는다.

4.2. 가상 사례로 배우는 SVM의 리스크 경계선 탐색

AI 투자 분석가가 어떻게 SVM을 활용하여 안전자산과 위험자산을 구분하는 최적의 경계선을 찾아내는지, 두 가지 가상 사례를 통해 살펴본다.

■ SVM의 최적 경계 탐색 과정 가상 사례 1:
'안정적 수익형' 상가와 '고위험' 상가의 분류

한 상가 전문 투자사가 과거 데이터를 기반으로 안정적인 투자 대상을 선별하는 모델을 구축하고자 한다.

(1) **분석 대상:** 과거 5년간의 상가 투자 데이터(수익형 그룹 vs 공실 그룹)

(2) **주요 특성**(데이터 좌표): X축은 '월평균 유동인구', Y축은 '반경 200m 내 경쟁 점포 수'

(3) **SVM의 최적 경계 탐색 과정:**

[데이터 분포 확인] 수익형 상가(파란 점)와 공실 상가(붉은 점) 데이터를 좌표 평면에 표시한다. 수익형 상가는 우측 하단(유동인구 많고, 경쟁 적음)에, 공실 상가는 좌측 상단(유동인구 적고, 경쟁 심함)에 군집을 이룬다.

[마진 최대화 경계 탐색] SVM 알고리즘은 이 두 군집을 나누는 여러 직선 중, 두 그룹의 서포트 벡터(가장 경계에 가까운 점들) 사이의 마진을 최대로 만드는 단 하나의 최적의 직선을 계산한다.

[투자 가이드라인 도출] 이 직선은 "유동인구가 최소 X명 이상이고, 경쟁 점포 수가 Y개 미만이어야 안정적 수익형 그룹에 속한다"는 명확하고 실용적인 투자 가이드라인이 된다.

(4) **최종 결론:** 투자사는 SVM이 찾아낸 이 명확한 경계선을 '최소 투자 기준선'으로 활용한다. 새로운 투자 대상을 검토할 때, 해당 상가의 데이터가 이 경계선의 '안정적 수익형' 영역에 위치하는지 여부만으로 1차적인 투자 적격성을 신속하고 객관적으로 판단할 수 있다.

■ **SVM의 최적 경계 탐색 과정 가상 사례 2: 복합상권 내 '숨은 진주' 발굴을 위한 비선형 경계**

한 자산운용사가 트렌드에 민감한 복합상권(예: 연남동, 성수동)에서 성공할 잠재력을 가진 '숨은 진주' 같은 상가를 발굴하고자 한다. 이 지역의 성공 요인은 유동인구 외에 다른 복합적인 요소가 크게 작용한다.

(1) **분석 대상**: 해당 상권 내 상가들의 성공/실패 데이터

(2) **주요 특성**(데이터 좌표): X축은 'SNS '맛집' 언급 빈도', Y축은 '주변 기업 종사자 평균 연봉'

(3) **SVM의 비선형 경계 탐색 과정**(커널 트릭 활용):

[복잡한 데이터 분포] 데이터를 좌표 평면에 표시하니, 성공한 상가와 실패한 상가가 복잡하게 섞여 있어 도저히 직선 하나로 나눌 수 없는 상태이다.

[커널 트릭 적용] SVM은 커널 트릭(Kernel Trick)을 사용해, 이 복잡한 2차원 데이터를 더 높은 차원의 가상 공간으로 매핑하여, 그곳에서는 하나의 평면으로 나눌 수 있는 형태로 변환한다.

[비선형 경계 발견] AI가 고차원에서 찾은 최적의 경계 평면을 다시 원래의 2차원 지도로 가져오니, 이는 'S'자 모양의 구불구불한 곡선 형태의 경계선으로 나타난다.

(4) **최종 결론**: 이 비선형 경계선은 놀라운 사실을 보여준다. "SNS 언급 빈도가 매우 높거나, 또는 SNS 언급은 조금 적더라도 주변에 고연봉 직장인이 밀집해 있다면 성공한다"는 식의 복합적인 성공 공식을 시각적으로 정의한 것이다. 자산운용사는 이 경계선 분석을 통해, 단순히 유동인구만 많은 곳이 아니라 특정 조건을 만족하는 '숨은 진주' 상가를 발굴하여 남들보다 한발 앞선 투자 전략을 구사할 수 있게 된다.

5

서포트 벡터 머신(SVM)을 활용한 상권의 명확한 경계선 긋기와 가상사례

5.1. 상권의 국경을 그리다: 데이터로 찾는 가장 선명한 분리선

서울의 명동과 종로, 홍대와 연남동은 분명 다른 특성을 가진 상권이지만, 그 경계는 정확히 어디일까? 행정구역 경계선이 실제 상권의 '경제적 국경'과 일치하지 않는 경우가 많다. 서포트 벡터 머신(Support Vector Machine, SVM)은 바로 이 보이지 않는 경제적 국경을 데이터로부터 찾아내, 지도 위에 가장 명확하고 논리적인 선으로 그려내는 '상권 전문 지도 제작자'이다.

SVM의 목표는 서로 다른 특성을 가진 두 상권의 데이터(예: 업종 구성, 유동인구 특성, 임대료 수준 등)를 가장 완벽하게 나누는 최적의 경계선(결정 경계, Decision Boundary)을 찾는 것이다. SVM은 단순히 두 상권을 나누는 것을 넘어, 두 상권 그룹 사이의 간격, 즉 마진(Margin)을 최대로 넓히는 유일한 선을 찾는다. 이는 마치 두 나라 사이에 가장 넓은 중립지대를 설정하여, 두 문화가 섞이는 모호한 영역을 최소화하고 각자의 정체성을 가장 명확하게 드러내는 것과 같다.

이때 국경선의 위치를 결정하는 데 가장 중요한, 양쪽 상권의 최전방에 위치한 상점이나 블록들이 바로 "서포트 벡터(Support Vectors)"가 된다. 명동의 특성을 가장 약하게 띠는 가게와 종로의 특성을 가장 약하게 띠는 가게가 서로 마주보며 이 경계선을 정의하는 것이다. SVM은 이처럼 가장 중요한 경계 데이터에 집중하여, 두 상권의 핵심적인 차이를 극명하게 보여주는 가장 선명한 분리선을 제시한다.

5.2. 가상 사례로 확인하는 SVM의 상권 경계선

AI 지도 제작자가 어떻게 SVM을 활용하여 상권의 경계를 명확히 구분하는지, 두 가지 가상 사례를 통해 살펴본다.

■ SVM의 최적 경계 탐색 과정 가상 사례 1: '명동'과 '종로' 상권의 데이터 기반 분리

한 유통 대기업이 명동과 종로 상권의 핵심적인 차이를 데이터로 정의하고, 각 상권에 맞는 출점 전략을 세우고자 한다.

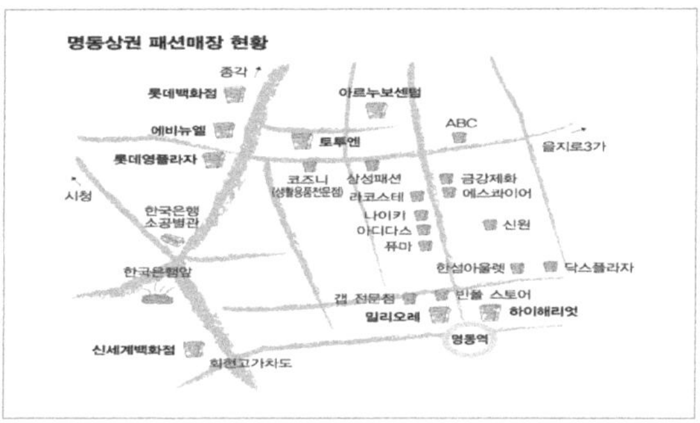

패션중심지 명동의 부활 - 파이낸셜뉴스 https://www.fnnews.com

(1) **분석 대상**: 명동과 종로에 위치한 개별 상점들의 데이터

(2) **주요 특성**(데이터 좌표): X축은 '업종 중 외국인 관광객 대상 업종(화장품, 기념품 등) 비율', Y축은 '업종 중 30-50대 직장인 대상 업종(한식, 주점 등) 비율'

(3) **SVM의 최적 경계 탐색 과정:**

[데이터 분포 확인] 각 상점 데이터를 좌표 평면에 표시한다. 명동의 상점들(붉은 점)은 X축 값이 높고 Y축 값이 낮은 영역에, 종로의 상점들(파란 점)은 X축 값이 낮고 Y축 값이 높은 영역에 뚜렷한 군집을 형성한다.

[마진 최대화 경계 탐색] SVM 알고리즘은 이 두 군집을 나누는 여러 직선 중, 두 그룹의 서포트 벡터(가장 경계에 가까운 상점들) 사이의 마진을 최대로 만드는 단 하나의 최적의 직선을 계산한다.

[상권 정의 기준 도출] 이 직선은 "관광객 대상 업종 비율이 X% 이상이고, 직장인 대상 업종 비율이 Y% 미만이면 명동 상권으로 분류한다"는 명확한 기준선이 된다.

(4) **최종 결론:** SVM이 제시한 이 수학적 경계선은 행정구역인 '중구'라는 이름 대신, '관광객 중심 상권'과 '직장인 중심 상권'이라는 경제적 정체성에 따라 두 상권을 명확히 분리한다. 기업은 이 경계선을 기준으로 명동에는 K-뷰티 플래그십 스토어를, 종로에는 직장인 대상의 프리미엄 한식당을 출점하는 등 데이터에 기반한 정교한 의사결정을 내릴 수 있다.

■ **SVM의 최적 경계 탐색 과정 가상 사례 2:**
'홍대' 상권의 확장과 세분화된 경계 탐지

한 도시 연구원이 거대하게 확장된 '홍대 상권' 내부가 사실은 여러 개의 하위 상권으로 나뉘어 있음을 밝히고, 그 경계를 찾고자 한다.

(1) **분석 대상:** 홍대입구역, 연남동, 합정동, 상수동에 위치한 상점 데이터

(2) **문제 상황:** '10-20대 중심의 유흥 상권'과 '20-30대 중심의 카페/공방 상권'이 복잡하게 섞여 있어, 직선으로는 도저히 나눌 수 없다.

(3) **SVM의 비선형 경계 탐색 과정(커널 트릭 활용):**

[커널 트릭 적용] SVM은 이 복잡하게 얽힌 2차원 데이터를 커널 트릭(Kernel Trick)을 사용해 더 높은 차원의 가상 공간으로 보내, 그곳에서는 명확한 분리가 가능한 형태로 변환한다.

[고차원에서의 경계 탐색] AI는 이 고차원 공간에서 각 하위 상권(예: '홍대 중심' vs '연남동')을 구분하는 최적의 '결정 평면'을 찾는다.

[결과의 재변환] AI가 고차원에서 찾은 경계면을 다시 원래의 2차원 지도로 가져오니, 이는 여러 개의 유기적인 곡선 형태의 경계선으로 나타난다.

(4) **최종 결론:** SVM이 그린 비선형 경계선은 홍대입구역 주변의 시끄러운 유흥 상권을 정확히 둘러싸고, 경의선 숲길을 따라 형성된 연남동의 조용한 카페 상권을 부드럽게 감싸며, 합정동의 주거와 상업이 혼재된 지역을 또 다른 영역으로 구분해낸다. 연구원은 이 지도를 통해 거대한 '홍대 상권'이 실제로는 서로 다른 성격과 유효 범위를 가진 여러 하위 상권의 집합체임을 시각적이고 데이터적으로 증명할 수 있게 된다.

주제 9

회귀 분석(Regression)을 활용한 도시부동산 가격 예측 모델

1

도시부동산 가치 평가에서 회귀 분석(Regression)의 목표, 작동원리 및 기술, 역할, 장단점, 활용예시

구분	내용
목표	도시부동산 가치에 영향을 미치는 여러 독립변수(원인)들이 종속변수(결과)인 부동산 가격에 얼마나, 어떻게 영향을 미치는지 그 관계를 수학적인 함수식으로 규명하고, 이를 통해 미래의 부동산 가격을 예측하는 것을 목표로 한다. 즉, '집값의 성공 공식'을 찾는 것이다.
작동 원리 및 기술	회귀분석은 독립변수(X)와 종속변수(Y) 사이의 관계를 가장 잘 설명하는 하나의 "회귀선(회귀식)"을 찾는 통계적 기법이다. 가장 기본적인 선형 회귀분석은 실제 데이터 값들과 회귀선 사이의 거리(오차)의 제곱 합이 최소가 되는 직선(최소제곱법, Ordinary Least Squares)을 찾는다. Y(가격) = β_0 + β_1(면적) + β_2(방 개수) + β_3(지하철역 거리) + ... + ε(오차) 여기서 각 '회귀계수(β)'는 해당 변수가 가격에 미치는 영향력의 크기와 방향(+, -)을 의미한다. 이 외에 릿지(Ridge), 라쏘(Lasso) 회귀, 다항 회귀 등 더 복잡한 관계를 분석하는 다양한 기술이 존재한다.

<table>
<tr><td>역할</td><td>도시부동산 가치 평가에서 회귀분석은 가치 형성 요인(Value Driver)을 해석하는 가장 근본적이고 전통적인 해석기(Interpreter) 역할을 수행한다. 어떤 요인이 집값을 올리고(예: 지하철역 접근성) 어떤 요인이 내리는지(예: 노후도)를 명확한 수치(회귀계수)로 보여준다. 이를 통해 AI 가치 평가 모델의 기초를 제공하고, 평가 결과의 논리적 근거를 제시한다.</td></tr>
<tr><td>장단점</td><td>장점:
• 해석의 용이성: 모델이 직관적이고, 각 변수가 가격에 미치는 영향력을 명확하게 파악할 수 있다.
• 빠른 계산 속도: 다른 복잡한 알고리즘에 비해 계산 속도가 빠르다.
• 통계적 유의성 검증: 각 변수의 영향력이 통계적으로 의미가 있는지(p-value 등) 검증할 수 있어 모델의 신뢰도를 평가하기 용이하다.
단점:
• 선형성 가정의 한계: 변수와 가격 간의 관계가 직선적(선형적)이라고 가정하므로, 복잡한 비선형 관계를 제대로 반영하지 못할 수 있다.
• 다중공선성 문제: 독립변수들 간에 강한 상관관계가 있으면(예: 집 면적이 클수록 방 개수도 많음), 회귀계수가 왜곡되어 모델의 안정성을 해칠 수 있다.
• 이상치에 민감: 극단적인 값(이상치) 하나가 회귀선 전체에 큰 영향을 미칠 수 있다.</td></tr>
<tr><td>도시
부동산
활용
예시</td><td>• 쾌적성 가격 모델(Hedonic Price Model): 부동산을 여러 특성(면적, 층, 향, 학군, 공원 접근성 등)의 묶음으로 보고, 각 특성이 가격에 얼마나 기여하는지를 회귀분석으로 추정하는 가장 대표적인 활용 사례이다.
• 공시지가 산정 모델: 표준지의 특성(용도지역, 도로 조건, 형상 등)이 지가에 미치는 영향을 분석하여, 개별 필지의 공시지가를 산정하는 기초 모델로 활용된다.
• 상가 임대료 예측: 특정 상권 내 상가의 임대료에 영향을 미치는 요인(유동인구, 가시성, 1층 여부, 주변 상주인구 등)을 분석하여 적정 임대료 수준을 예측한다.
• 도시 정책 효과 분석: 특정 정책(예: 지하철 노선 신설, 대규모 공원 조성) 시행 전후의 부동산 가격 변화를 회귀분석하여, 해당 정책이 부동산 시장에 미친 순수한 효과를 계량적으로 측정한다.</td></tr>
</table>

2

선형 회귀로 접근하는 부동산 가격의 기초 추정과 가상사례

2.1. 세상에서 가장 단순하고 강력한 가격 예측 공식

부동산 가격은 수많은 요인이 얽혀 결정되는 복잡한 결과물이지만, 그 본질을 파고들면 의외로 단순한 법칙이 숨어있다. "면적이 넓어질수록 가격은 얼마나 오를까?" "선형 회귀(Linear Regression)"는 바로 이 질문에 대한 가장 근본적이고 직관적인 해답을 제시하는, 모든 가격 예측 모델의 출발점이다.

선형 회귀의 목표는 점들(데이터)이 흩어져 있는 좌표 평면 위에서, 이 점들의 한가운데를 가장 잘 가로지르는 하나의 직선(회귀선)을 찾는 것이다. 이는 마치 여러 데이터 포인트 사이의 평균적인 경로를 자로 긋는 것과 같다. 부동산에서는 가로축(X)에 '면적'과 같은 원인 변수를, 세로축(Y)에 '가격'이라는 결과 변수를 놓고, 두 변수 사이의 관계를 가장 잘 설명하는 직선의 방정식, 즉

Y(가격) = aX(면적) + b

를 찾아낸다.

여기서 기울기 a는 '면적이 1만큼 증가할 때 가격이 얼마만큼 증가하는지'를 나타내는 가장 중요한 값이며, y절편 b는 면적이 0일 때의 기본적인 가치를 의미한다. 이 단순한 공식을 통해, 우리는 복잡해 보이는 부동산 가격의 이면에 숨겨진 핵심적인 법칙을 발견하고, 미래 가격을 예측하는 첫걸음을 뗄 수 있다.

2.2. 가상 사례로 이해하는 선형 회귀의 가격 예측법

AI가 어떻게 선형 회귀라는 가장 기본적인 도구를 사용하여 부동산 가격의 비밀을 풀어내는지, 두 가지 가상 사례를 통해 살펴본다.

■ 선형 회귀 분석 과정 가상 사례 1: '면적'과 '가격'의 단순 선형 관계 분석

한 부동산 초보 투자자가 특정 아파트 단지의 면적별 적정 시세를 파악하고자 한다.

(1) **분석 대상:** '드림 아파트' 단지의 면적 및 실거래가 데이터

(2) **가상 데이터:**

- 전용 59㎡: 8억 원
- 전용 84㎡: 11억 원
- 전용 101㎡: 14억 원

(3) **선형 회귀 분석 과정:**

[데이터 좌표 설정] X축을 '면적', Y축을 '가격'으로 설정하고 위 데이터들을 점으로 찍는다.

[최적의 직선 탐색] 선형 회귀 알고리즘은 이 점들로부터의 오차(거리)가 가장 작은 최적의 직선을 계산한다.

[회귀 공식 도출] AI가 계산한 최적의 직선 공식은 다음과 같다. 가격(만 원) = 1,400 × 면적(㎡) + 2,000

(4) **결론 및 해석:** 이 공식을 통해 투자자는 명확한 통찰을 얻는다. 이 아파트는 면적이 1㎡ 늘어날 때마다 가격이 약 1,400만 원씩 상승하는 규칙을 가지고 있으며, 입지나 브랜드 등이 주는 기본적인 가치는 약 2억 원(2,000만 원)임을 알 수 있다. 이제 그는 이 공식에

원하는 면적(예: 74㎡)을 대입하여, 시장에서 거래된 적 없는 평형의 가격도 합리적으로 추정할 수 있게 된다.

■ 선형 회귀 분석 과정 가상 사례 2:
'지하철역 거리' 변수를 추가한 다중 선형 회귀 분석

이번에는 좀 더 현실적인 분석을 위해 '지하철역과의 거리'라는 변수를 추가하여 가격을 예측한다. 변수가 여러 개이므로 이는 다중 선형 회귀(Multiple Linear Regression)가 된다.

(1) **분석 대상:** 특정 지역 내 여러 아파트 단지의 면적, 지하철역과의 거리, 가격 데이터

(2) **가상 데이터:** | 단지 | 면적(㎡) | 역까지 거리(m) | 가격(억 원) | | :--- | :--- | :--- | :--- | | A | 84 | 200 | 12 | | B | 84 | 800 | 10 | | C | 101 | 300 | 15 |

(3) **다중 선형 회귀 분석 과정:**

[다차원 공간 분석] 이제 모델은 2차원 평면이 아닌, 3차원 공간에서 데이터들을 가장 잘 설명하는 하나의 '평면'을 찾는다.

[회귀 공식 도출] AI가 계산한 최적의 평면 공식은 다음과 같다. 가격(만 원) = 1,500 × 면적(㎡) - 25 × 거리(m) + 30,000

(4) **결론 및 해석:** 공식이 더 정교해 졌다. 이제 우리는 면적이 1㎡ 늘면 1,500만 원이 오르지만, 동시에 지하철역에서 1m 멀어질 때마다 가격이 2만 5천 원씩 하락한다는 사실을 알 수 있다. 이처럼 다중 선형 회귀는 각기 다른 요인들이 가격에 미치는 독립적인 영향력을 동시에 측정하여, 훨씬 더 현실에 가까운 가격 예측 모델을 만들어낸다. 이는 모든 정교한 AI 가격 예측의 가장 기본적인 뼈대가 된다.

3

다중 회귀를 통한 부동산 가격 구성 요소 분석과 가상사례

3.1. "공간 회귀분석을 통해 지역적 특성을 반영한 도시부동산 가치를 평가한다."와 가상사례

"우리 집이 비싼 이유는, 옆집이 비싸기 때문이다." 이 말은 농담처럼 들릴 수 있지만, 도시부동산 가치의 중요한 본질을 담고 있다. 전통적인 회귀분석은 개별 부동산을 서로 영향을 주지 않는 독립적인 '섬'으로 가정하는 한계가 있다. 하지만 현실에서 부동산 가치는 주변 환경, 즉 이웃의 가치와 밀접하게 연결되어 있다.

강남의 아파트 가격이 높은 이유는 그 자체의 특성 뿐만 아니라, 주변이 온통 비싼 강남 아파트이기 때문이다. 이처럼 "어떤 지역의 특성이 주변 지역에 미치는 공간적인 영향, 즉 '이웃 효과(Neighborhood Effect)"를 통계적으로 분석하는 것이 바로 "공간 회귀분석(Spatial Regression Analysis)"이다.

공간 회귀분석은 전통적인 다중 회귀 모델에 '공간가중행렬(Spatial Weight Matrix)'이라는 특별한 재료를 추가한다. 이 행렬은 특정 부동산이 주변의 다른 부동산 들로부터 얼마나 많은 영향을 받는지를 정의하는 '관계의 지도'이다. 이를 통해 AI는 "특정 지역의 가격은, 그 지역 자체의 요인(면적, 연식 등)뿐만 아니라, 이웃 지역의 평균 가격에 의해서도 결정된다"는, 한 차원 높은 수준의 정교한 가격 예측 공식을 만들어낸다.

3.2. 가상 사례로 배우는 공간 회귀의 입체적 분석

AI가 어떻게 공간 회귀 모델을 활용하여 보이지 않는 이웃 효과를 가격에 반영하는지, 두 가지 가상 사례를 통해 살펴본다.

- **공간 지체 모델(Spatial Lag Model - SLM)가상 사례 1: '학세권'의 공간적 파급 효과 분석**

Introduction to Spatial Lags for Spatial Analysis YouTube Josiah Parry

서울 대치동 학원가 인근에, 모든 물리적 조건(면적, 층수, 연식 등)이 완전히 동일한 두 아파트 'A'와 'B'가 있다. A는 학원가와 인접한 블록에, B는 학원가에서 조금 떨어진 일반 주거 블록에 위치한다.

(1) **분석 모델: 공간 지체 모델**(Spatial Lag Model - SLM)

- 이 모델은 특정 지역의 가격(Y)이 주변 지역의 평균 가격(WY)에 영향을 받는다고 가정한다.

(2) **분석 과정:**

[전통 회귀의 한계] 전통적인 다중 회귀 모델은 A와 B의 물리적 조건이 모두 같으므로, 두 아파트의 가격을 동일하게 예측한다. 이는 현실과 명백히 다르다.

[공간 회귀의 분석] 공간 회귀 모델은 각 아파트의 '이웃'을 고려한다.

- A 아파트: 주변 이웃들이 대치동 학원가의 영향을 받는 고가 아파트들이다. 모델은 이 높은 '이웃 가격'의 긍정적 영향(+α)을 A 아파트 가격에 반영한다.
- B 아파트: 주변 이웃들이 평범한 가격대의 아파트들이다. 따라서 A만큼의 긍정적 파급 효과가 없다.

(3) 최종 예측 결과 및 해석:

- A 아파트 예측 가격: 20억 원 + α(이웃 효과) = 22억 원
- B 아파트 예측 가격: 20억 원
- 공간 회귀분석은 '학세권'이라는 눈에 보이지 않는 프리미엄이, 주변 이웃들의 높은 가격을 통해 어떻게 특정 아파트의 가치를 끌어올리는지를 과학적으로 증명하고 정량화한다.

■ 공간 오차 모델(Spatial Error Model - SEM) 가상 사례 2: '혐오시설'의 부정적 영향 범위 측정

한 지역에 폐기물 처리 시설이 들어선다고 가정하자. 이 시설이 주변 지역 부동산 가격에 미치는 부정적인 영향의 범위와 강도를 측정하고자 한다.

(1) 분석 모델: 공간 오차 모델(Spatial Error Model - SEM)

- 이 모델은 특정 지역의 가격에 영향을 미치는 측정되지 않은 요인(오차)들이, 공간적으로 군집하는 경향이 있다고 가정한다.

(2) 분석 과정:

[1차 분석] 먼저 전통적인 회귀분석으로 가격을 예측한다. 그 결과, 폐기물 처리 시설 주변 지역의 실제 가격이 예측 가격보다 일관되

게 낮게 나타나는 '예측 오차'가 발견된다.

[오차의 공간 패턴 분석] 공간 오차 모델은 이 오차들이 무작위로 발생한 것이 아니라, 폐기물 처리 시설을 중심으로 공간적으로 집중(군집)되어 있음을 통계적으로 확인한다. 즉, '혐오시설'이라는 관측되지 않은 요인이 부정적인 영향을 미치고 있다는 강력한 증거를 찾아낸다.

[영향 범위 측정] 모델은 이 부정적 오차의 영향력이 시설로부터 거리가 멀어짐에 따라 어떻게 감소하는지를 분석한다.

(3) **최종 결론 및 해석:** 분석 결과, "폐기물 처리 시설의 부정적 가격 효과는 반경 1.5km까지는 통계적으로 유의미하게 나타나지만, 2km를 넘어서면 그 영향력이 거의 사라진다"는 "부정적 영향의 구체적인 '유효 범위'"를 도출할 수 있다. 이는 도시 정책 입안자들이 혐오시설 입지에 따른 피해보상 범위를 설정하거나, 주민 갈등을 조정하는 데 매우 중요한 객관적이고 과학적인 근거를 제공한다.

4

비선형 회귀를 통한 도시부동산 핵심지역 프리미엄 추정과 가상사례

4.1. 직선의 한계를 넘어, 프리미엄의 진짜 가치를 측정하다

도시의 가치는 결코 직선처럼 움직이지 않는다. 특히 강남역, 여의도, 광화문과 같은 '핵심 지역(Core Area)'의 가치는 그 중심에서 멀어질수록 급격하게 떨어지다가, 어느 지점을 지나면 완만하게 감소하는 '곡선'의 형태를 띤다. 이는 마치 자석의 중심에 가까울수록 자기장이 기하급수적으로 강해지는 것과 같다. 일반적인 선형 회귀분석은 이러한 곡선의 관계를 직선 자로 억지로 측정하려는 것과 같아, 핵심 지역의 '프리미엄' 가치를 실제보다 낮게 평가하는 오류를 범하게 된다.

"비선형 회귀(Non-linear Regression)"는 이러한 직선의 한계를 뛰어넘어, 현실 세계의 복잡하고 구불구불한 관계를 가장 잘 설명하는 '곡선'의 예측 모델을 찾는 분석 기법이다. 다항 회귀(Polynomial Regression)와 같은 기법을 사용하여, AI는 데이터가 그리는 실제 곡선 패턴을 정밀하게 따라가는 최적의 곡선 방정식을 찾아낸다. 이를 통해 우리는 "강남역 1번 출구 바로 앞의 가치는 100m 떨어진 곳보다 얼마나 더 비싼가?"와 같은 질문에 대해, 이전과는 비교할 수 없는 수준의 정확하고 현실적인 해답을 얻을 수 있다.

4.2. 가상 사례로 배우는 비선형 프리미엄의 측정

AI가 어떻게 비선형 회귀 모델을 사용하여 핵심 지역의 폭발적인 프리미엄 가치를 정확하게 측정하는지, 두 가지 가상 사례를 통해 살펴본다.

선릉역 상권 분석 자료 https://futureassets.tistory.com/18

■ 비선형 회귀 분석 과정 가상 사례 1:
'선릉역' 핵심 상권의 거리별 임대료 프리미엄 분석

한 리서치 회사가 선릉역 출구로 부터의 거리에 따라 상가 임대료가 어떻게 변화하는지를 분석하여, 핵심 입지의 프리미엄을 정량화 하고자 한다.

(1) **분석 대상**: 선릉역 반경 500m 내 상가들의 임대료 데이터

(2) **데이터 특징**: 출구에서 100m 떨어진 곳의 임대료는 500m 떨어진 곳의 10배에 달하는 등, 거리에 따라 임대료가 급격히 감소하는 비선형 패턴을 보인다.

(3) **비선형 회귀 분석 과정**:

[선형 회귀의 오류] 먼저 데이터를 선형 회귀로 분석하니, 예측선은 선릉역 바로 앞의 임대료는 실제보다 낮게, 200~300m 지점의 임대료는 실제보다 높게 예측하는 등 현실과 동떨어진 결과를 보여준다.

[비선형 회귀 적용] AI는 2차, 3차 다항식을 포함한 비선형 회귀 모델을 적용하여, 데이터 포인트를 가장 정확하게 관통하는 최적의 '임대료 곡선'을 찾아낸다.

[프리미엄 정량화] 이 곡선을 통해, "선릉역 출구에서 첫 100m 구간의 임대료 프리미엄은, 그다음 100m 구간(100m~200m)의 프리미엄보다 5배 이상 높다"는 식의 정밀한 분석이 가능해진다.

(4) **최종 결론 및 해석**: 비선형 회귀분석은 선릉역 핵심 상권의 가치가 단순히 거리에 비례하여 감소하는 것이 아니라, 중심부에서 폭발적인 프리미엄을 형성하고 있음을 수학적으로 증명한다. 투자자는

이 분석을 통해, 비싼 임대료에도 불구하고 왜 수많은 브랜드가 선릉역 초입에 플래그십 스토어를 열려고 하는지에 대한 경제적 타당성을 명확히 이해할 수 있다.

■ 비선형 회귀 분석 과정 가상 사례 2:
'한강 조망권'의 비선형적 가치 측정

한 건설사가 새로 짓는 아파트의 분양가를 책정하기 위해, 한강 조망 여부가 가격에 미치는 영향을 분석하고자 한다.

(1) 분석 대상: 한강 변 아파트들의 실거래가 데이터

(2) 데이터 특징: 한강 조망은 '조망 없음', '일부 측면 조망', '영구 파노라마 조망' 등 등급에 따라 가격에 미치는 영향이 일정하지 않다. '조망 없음'에서 '일부 조망'으로 바뀔 때의 가격 상승분보다, '일부 조망'에서 '영구 파노라마 조망'으로 바뀔 때의 가격 상승분이 훨씬 크다.

(3) 비선형 회귀 분석 과정:

[범주형 변수 분석] '조망 등급'과 같은 범주형 데이터는 선형 관계를 가정할 수 없다. 비선형 회귀 모델은 각 등급이 가지는 고유의 가치를 독립적으로 평가한다.

[가치 점프(Jump) 측정] 모델 분석 결과, '조망 없음' 대비 '일부 조망'의 가치 상승분은 1억 원, '일부 조망' 대비 '영구 파노라마 조망'의 가치 상승분은 5억 원으로, 그 가치가 계단식으로 급격히 점프하는 비선형 관계임을 발견한다.

비선형 회귀분석을 통해, 한강 조망권의 가치는 조망의 질에 따라 기하급수적으로 증가한다는 사실을 밝혀낼 수 있다. 건설사는

이 분석 결과를 바탕으로, 단순히 '조망이 있다'는 사실만으로 분양가를 책정하는 것이 아니라, 조망의 등급에 따라 가격을 차등화 하는 매우 정교하고 설득력 있는 분양가 전략을 수립할 수 있다. 이는 '최고의 가치'에는 그에 합당한 '최고의 가격'이 매겨져야 한다는 시장의 논리를 데이터로 증명하는 것이다.

5

"공시지가와 실거래가 사이의 차이를 분석하다"와 가상사례

5.1. 정부의 가격표와 시장의 마음, 그 간극을 측정하다

모든 토지에는 정부가 세금 부과의 기준으로 삼기 위해 매년 발표하는 '공식적인 가격표'인 '공시지가(Officially Announced Land Price)'가 있다.

하지만 우리가 실제로 부동산을 사고팔 때의 가격, 즉 '실거래가(Actual Transaction Price)'는 이와 다른 경우가 대부분이다. 공시지가가 도시의 뼈대를 이루는 '기초 체력'이라면, 실 거래가는 시장의 기대감과 수요, 공급의 역학관계가 반영된 '현재의 심장 박동'과 같다. 이 둘 사이의 간극, 즉 "괴리율(Discrepancy Rate)"은 해당 지역의 현재와 미래 가치를 보여주는 매우 중요한 지표가 된다.

회귀분석(Regression Analysis)은 이 보이지 않는 간극의 비밀을 풀어내는 가장 효과적인 통계적 도구이다. 우리는 공시지가를 독립변수(X)로, 실 거래가를 종속변수(Y)로 놓고, 두 변수 사이의 관계를 가장 잘 설명하는 하나의 방정식(회귀식)을 찾을 수 있다. 이를 통해 "특정 지역의 공시지가가 1억 원일 때, 시장에서는 평균적으로 얼마에 거래되는가?"라는 질문에 답할 수 있으며, 나아가 어떤 요인(개발 호재, 경기 변동 등)이 이 둘 사이의 간극을 넓히거나 좁히는지를 과학적으로 분석할 수 있다.

5.2. 가상 사례로 분석하는 공시지가와 실 거래가의 관계

AI가 어떻게 회귀분석을 활용하여 공시지가와 실거래가 사이의 복잡한 관계를 해석하는지, 두 가지 가상 사례를 통해 살펴본다.

■ 선형 회귀 분석 과정 가상 사례 1: '안정적인 주거지역'의 공시지가-실거래가 관계

한 시민이 자신이 거주하는, 특별한 개발 호재가 없는 안정된 주거지역의 적정 시세를 파악하고자 한다.

(1) **분석 대상:** A 지역의 최근 2년간 공시지가 및 실거래가 데이터

(2) **데이터 특징:** 공시지가와 실 거래가가 비례하여 상승하는 안정적인 선형 관계를 보인다.

(3) **선형 회귀 분석 과정:**

[데이터 관계 분석] X축에 공시지가, Y축에 실 거래가를 놓고 데이터를 표시하니, 우 상향하는 직선에 가까운 형태로 분포한다.

[회귀 공식 도출] AI가 이 데이터들을 가장 잘 설명하는 최적의 회귀선을 찾으니, 다음과 같은 공식이 도출된다. 실거래가(만 원) = 1.6 × 공시지가(만 원) + 5,000

(4) **결론 및 해석:** 이 분석을 통해, A 지역에서는 평균적으로 실 거래가가 공시지가의 약 1.6배 수준에서 형성되며, 약 5,000만 원의 추가적인 프리미엄이 붙는다는 사실을 알 수 있다. 이제 이 지역의 주

민은 자신의 집 공시지가만 알아도, 이 공식을 통해 시장에서 거래될 예상 가격을 매우 쉽고 합리적으로 추정할 수 있다. 이 공식이 바로 A 지역의 '시장 가격 환산 공식'이 되는 것이다.

■ 선형 회귀 분석 과정 가상 사례 2:
'개발 호재 지역'의 괴리율(Discrepancy Rate) 확대 분석

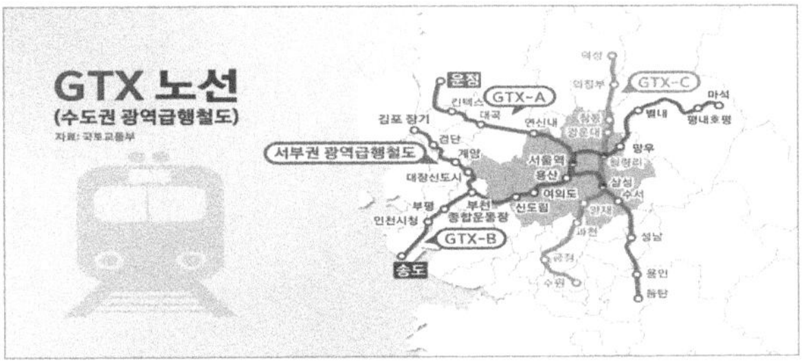

https://biz.sbs.co.kr

정부가 B 지역에 신규 지하철 노선을 건설하겠다는 계획을 발표했다. 이 발표가 공시지가와 실거래가 사이의 간극에 어떤 영향을 미쳤는지 분석하고자 한다.

(1) **분석 대상:** B 지역의 지하철 계획 발표 전/후 데이터

(2) **데이터 특징:** 발표 전에는 공시지가와 실 거래가가 안정적인 관계를 보였으나, 발표 후 실거래가만 급등하며 둘 사이의 간극(괴리율)이 크게 벌어졌다.

(3) **다중 회귀 분석 과정:**

[더미 변수 추가] AI는 이 현상을 분석하기 위해 '개발 호재'라는 새로운 변수를 추가한다. 계획 발표 이전의 거래는 0, 발표 이후의 거래는 1로 표시하는 더미 변수(Dummy Variable)를 활용한다.

[회귀 공식 도출] 다중 회귀분석을 통해 AI가 도출한 공식은 다음과 같다. 실거래가(만 원) = 1.5 × 공시지가(만 원) + 20,000 ×(개발 호재 여부) + 4,000

(4) **결론 및 해석:** 이 공식은 놀라운 사실을 알려준다. B 지역의 부동산은 기본적으로 공시지가의 1.5배 수준에서 거래되지만, 지하철 계획 발표라는 사건 자체가 무려 2억 원(20,000만 원)의 추가적인 '기대 가치'를 창출했음을 의미한다. 공시지가가 아직 미래의 호재를 반영하지 못하는 동안, 시장의 실 거래가는 그 기대를 즉각적으로 가격에 포함시키며 둘 사이의 간극이 크게 벌어진 것이다. 회귀분석은 이처럼 시장의 '기대감'이라는 무형의 가치를 구체적인 금액으로 정량화하고, 공시지가와 실거래가 사이의 괴리율이 왜, 얼마나 발생하는지를 명확하게 설명해준다.

주제 10

클러스터링(Clustering)을 활용한 도시공간 분류

1

도시부동산 가치 평가에서 클러스터링(Clustering)의 목표, 작동원리 및 기술, 역할, 장단점, 활용예시

구분	내용
목표	정해진 답 없이 흩어져 있는 도시부동산 데이터 속에서 유사한 특성을 가진 데이터끼리 그룹으로 묶어주는 것을 목표로 한다. 이를 통해 겉으로 보이지 않던 데이터의 숨겨진 구조와 패턴을 발견하고, 각 그룹(군집, Cluster)의 고유한 특성을 파악하여 도시를 유형별로 이해한다.
작동원리 및 기술	클러스터링은 정답이 없는 데이터를 다루는 "비지도학습(Unsupervised Learning)"의 대표적인 기법이다. 데이터 간의 '거리' 또는 '밀도'를 기반으로 그룹을 형성한다. 1. K-평균(K-Means): 사용자가 미리 지정한 군집의 개수(K)만큼 중심점(Centroid)을 무작위로 찍고, 각 데이터는 가장 가까운 중심점에 소속된다. 이후 각 군집의 평균값으로 중심점을 이동시키는 과정을 반복하여 최적의 군집을 형성한다. 2. DBSCAN(Density-Based Spatial Clustering of Applications with Noise): 데이터가 밀집된 정도를 기반으로 군집을 형성한다. 특정 반경 내에 데이터가 일정 개수 이상 모여 있으면 하나의 군집으로 인식하며, K-평균과 달리 군집의 개수를 미리 지정할 필요 없고 기하학적인 모양의 군집도 잘 찾아낸다.

역할	도시부동산 가치 평가에서 클러스터링은 '시장을 세분화하고 유형화하는 '분류 전문가(Typologist)'의 역할을 수행한다. 예를 들어, 서울의 모든 행정동을 '고소득 주거지역', '대학가 상권지역', '산업단지 배후지역' 등과 같이 눈에 보이지 않는 특성에 따라 그룹으로 묶어준다. 이를 통해 각 지역의 정체성을 명확히 하고, 맞춤형 가치 평가나 정책 수립의 기초를 제공한다.
장단점	장점: • 숨겨진 패턴 발견: 사람이 미처 인지하지 못했던 데이터의 내부 구조나 그룹을 발견할 수 있다. • 시장 세분화: 전체 시장을 동질적인 소규모 그룹으로 나누어, 각 그룹의 특성을 깊이 있게 이해하고 타겟 마케팅 등에 활용할 수 있다. • 이상치 탐지: 어떤 그룹에도 속하지 않는 데이터(이상치, Outlier)를 식별하는 데 유용하다. 단점: • 결과의 해석: 그룹이 어떻게 형성되었는지 그 의미를 부여하는 것은 분석가의 주관적인 해석이 필요하다. • 알고리즘 의존성: 어떤 클러스터링 알고리즘을 사용하고, 어떤 변수를 선택하는지에 따라 결과가 크게 달라질 수 있다. • 군집 개수 설정의 어려움(K-평균): 최적의 군집 개수(K)를 사전에 정의하기가 어려울 수 있다.
도시 부동산 활용 예시	• 주택 하위시장(Sub-market) 분석: 아파트 가격, 소득 수준, 교육 환경, 교통 접근성 등의 변수를 활용하여, 도시 전체의 주택 시장을 '강남형 고가 시장', '직주근접형 중가 시장', '외곽 저가 시장' 등 여러 개의 하위 시장으로 군집화 한다. • 상권 유형 분류: 유동인구의 연령대, 업종 구성(예: F&B, 학원, 병원 비율), 임대료 수준 등을 기준으로 도시 내 상권들을 '대학가 상권', '오피스 상권', '관광특화 상권', '생활밀착형 상권' 등으로 유형화한다. • 토지 이용 패턴 분석: 토지의 지목, 용도지역, 지가, 개발 밀도 등을 분석하여, 도시 내 토지 이용을 '고밀 상업지역', '중밀 주거지역', '저밀 녹지지역' 등 동질적인 패턴을 가진 지역들로 그룹화한다. • 도시 쇠퇴 지역 군집화: 인구 감소율, 고령화 지수, 노후 건축물 비율, 공실률 등의 지표를 활용하여, 도시 내에서 쇠퇴 특성이 유사하게 나타나는 지역들을 하나의 그룹으로 묶어 도시재생 사업의 우선순위를 정하는 데 활용한다.

2

"유사한 라이프스타일을 가진 사람들의 거주지역을 군집화하고 새로운 도시부동산 수요층을 발견한다."와 가상사례

2.1. 보이지 않는 부족(Tribe)을 찾아서: 라이프스타일로 도시를 재편하다

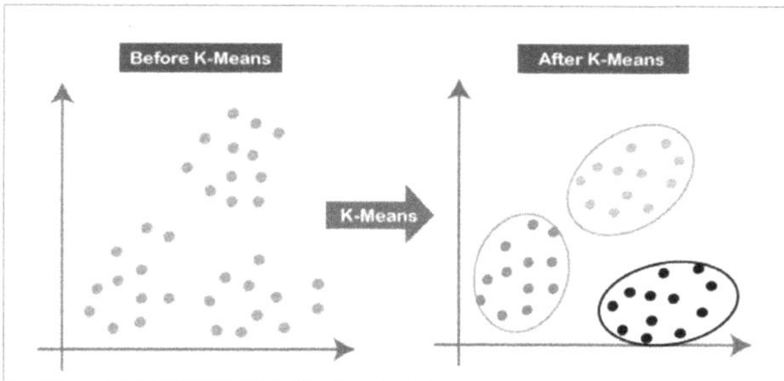

K-means Clustering https://www.linkedin.com/uas/login-submit

도시는 더 이상 '강남', '강북'과 같은 단순한 지리적 구분으로 설명되지 않는다. 도시 안에는 비슷한 취향과 소비 패턴, 가치관을 공유하는 사람들이 모여 사는, 눈에 보이지 않는 '라이프스타일 부족(Lifestyle Tribe)'이 존재한다. 클러스터링(Clustering)은 바로 이 숨겨진 부족들의 거주지를 찾아내고, 그들의 특징을 분석하여 새로운 도시부동산 수요를 발견하는 '디지털 인류학자'와 같다.

AI는 행정구역의 경계를 넘어, 사람들이 남기는 다양한 데이터의 발자국을 따라간다. 신용카드 사용 내역(어디서, 무엇을, 언제 사는가?), 소셜 미디어 키워드(어떤 라이프스타일을 추구하는가?), 인구 통계(1인 가구인가,

자녀가 있는가?) 등 수많은 데이터를 종합적으로 분석한다. 클러스터링 알고리즘은 이 데이터를 기반으로 유사한 행동 패턴을 보이는 지역들을 하나의 "군집(Cluster)"으로 묶어준다.

이 과정을 통해 우리는 "20대 후반의 1인 가구이면서, 피트니스와 문화생활에 아낌없이 투자하는 사람들이 모여 사는 지역" 또는 "미취학 아동을 키우며 온라인 유기농 마켓을 애용하는 30대 부부들이 밀집한 지역"과 같이, 기존에는 알 수 없었던 매우 구체적이고 동질적인 수요 그룹과 그들의 활동 무대를 발견하게 된다.

2.2. 가상 사례로 발견하는 새로운 도시의 부족(Tribe)들

AI 인류학자가 어떻게 클러스터링을 통해 새로운 수요층을 발굴하고, 도시부동산 시장에 새로운 기회를 제시하는지 두 가지 가상 사례를 통해 살펴본다.

■ 클러스터링 AI의 분석 과정 가상 사례 1: '나 홀로 욜로(YOLO)족'의 성지, 신흥 주거지 발견

한 건설사는 1인 가구를 위한 새로운 개념의 프리미엄 주거 상품을 기획하며, 가장 확실한 타겟 지역을 찾고자 한다.

(1) **분석 데이터:** 서울시 내 1인 가구 밀집 지역의 소비 및 소셜 데이터

(2) **클러스터링 AI의 분석 과정:**

[데이터 패턴 분석] AI는 1인 가구 지역 중에서도 유독 두드러지는 특정 패턴을 발견한다. ① 저녁 8시 이후 배달 음식 및 와인 전문점 결제 비율이 높고, ② 피트니스 센터, 필라테스 스튜디오, 전시회, 소극장 등 자신을 위한 투자에 지출이 많으며, ③ SNS에서 '오운완

(오늘 운동 완료)', '혼술', '브런치' 등의 키워드가 빈번하게 나타나는 지역들.

[신규 군집 형성] 클러스터링 알고리즘은 이러한 특성을 공유하는 지역들(예: 성수동 일부, 망원동 일부, 문정동 법조타운 인근)을 하나의 새로운 군집, 즉 '욜로 싱글 허브(YOLO Single Hub)'로 묶어낸다. 이들은 지리적으로는 떨어져 있지만, 라이프스타일은 매우 유사한 하나의 '부족'이다.

(3) **최종 결론 및 부동산 수요 발견:** 건설사는 이 분석을 통해 막연한 '1인 가구'가 아닌, '높은 구매력을 바탕으로 개인의 만족을 중시하는 특정 1인 가구 그룹'이라는 명확한 타겟 수요층을 확보하게 된다. 그리고 이들이 밀집한 '욜로 싱글 허브' 지역에, 보안이 강화된 소형 고급 주택, 빌트인 스타일러, 조식 서비스, 루프탑 피트니스 공간 등을 갖춘 맞춤형 주거 상품을 공급하는 혁신적인 사업 기회를 포착한다.

■ 클러스터링 AI의 분석 과정 가상 사례 2: '신 3040 육아맘' 클러스터와 키즈 산업 입지 선정

한 유아용품 대기업이 자사의 프리미엄 키즈카페와 유기농 이유식 매장을 결합한 신규 오프라인 스토어의 최적 입지를 찾고자 한다.

(1) **분석 데이터:** 수도권 신도시의 30-40대 기혼 가구 거주 지역 데이터

(2) **클러스터링 AI의 분석 과정:**

[데이터 패턴 분석] AI는 수많은 '맘카페' 데이터와 온라인 쇼핑 데이터를 분석하여, ① 온라인 식료품 새벽배송 서비스 이용률이 매우 높고, ② 유아용품, 특히 '친환경', '오가닉' 키워드가 포함된 상

품의 구매력이 강하며, ③ '영어 유치원', '키즈 베이킹 클래스' 등 교육 및 체험활동에 대한 관심이 높은 지역들의 공통점을 발견한다.

[신규 군집 형성] AI는 이러한 특성을 공유하는 지역들(예: 위례신도시, 동탄2신도시, 미사강변도시의 특정 아파트 단지 중심)을 '에코-에듀맘 클러스터(Eco-Edu Mom Cluster)' 라는 새로운 군집으로 정의한다.

(3) **최종 결론 및 부동산 수요 발견:** 이 분석 결과는 단순히 '아이가 많은 동네'를 넘어선다. 기업은 '자녀의 건강과 교육에 대한 투자를 아끼지 않는 특정 고관여 부모 그룹'이 어디에 모여 사는지를 정확히 알게 된다. 이를 통해, 임대료가 비싸더라도 '에코-에듀맘 클러스터'의 중심 상가에 프리미엄 키즈카페 1호점을 출점하는 것이 성공 확률을 극대화하는 최적의 입지 전략임을 데이터로 확신하게 된다. 이는 라이프스타일 군집화가 주거뿐 아니라 상업 부동산의 가치를 결정하는 핵심적인 열쇠가 됨을 보여준다.

3

"유사상권을 묶어 맞춤형 도시부동산 비즈니스 전략을 수립한다."와 가상사례

3.1. 상권의 DNA를 읽다: 숨겨진 시장 유형을 발견하는 클러스터링

모든 상권은 저마다의 고유한 얼굴을 가지고 있지만, 어떤 상권들은 놀라울 정도로 닮아 있다. 비록 지리적으로는 멀리 떨어져 있어도, 그 속을 채우는 업종 구성, 주요 고객층, 소비 패턴 등 상권의 'DNA'가 매우 유사한 경우가 많다. 클러스터링(Clustering)은 바로 이 상권의 DNA를 분석하여, 겉보기에는 달라 보이는 여러 상권들을 유사한 특성을 가진 하나의 '유형(Type)'으로 묶어주는 분석 기법이다.

AI는 도시 내 수많은 상권의 데이터를 학습한다. 업종 구성(F&B, 학원, 병원 비율), 주요 고객의 연령대, 임대료 수준, 유동인구의 시간대별 패턴 등 다 차원적인 데이터를 기반으로, 서로 비슷한 상권들을 같은 군집(Cluster)으로 자동 분류한다. 이는 마치 전 세계의 도시를 '금융 중심 도시', '역사 관광 도시', '휴양 도시' 등으로 유형화하는 것과 같다.

이렇게 상권을 유형별로 군집화하면, 기업들은 '하나의 전략으로 모든 것을 해결하려는(One-size-fits-all)' 근시안적 관점에서 벗어날 수 있다. 특정 상권 유형에 가장 효과적인 맞춤형 비즈니스 전략을 수립하고, 하나의 성공 모델을 동일한 DNA를 가진 다른 상권에 복제하여 적용함으로써 사업 확장의 성공률을 획기적으로 높일 수 있게 된다.

3.2. 가상 사례로 배우는 맞춤형 비즈니스 전략 수립

AI가 어떻게 유사상권을 군집화 하여, 기업들의 비즈니스 전략 수립에 결정적인 통찰을 제공하는지 두 가지 가상 사례를 통해 살펴본다.

■ **클러스터링 AI의 분석 과정 가상 사례 1:**
'MZ세대 핫플레이스' 상권 클러스터 발굴과 패션 브랜드 입점 전략

최신 트렌드에 민감한 20대 여성을 타겟으로 하는 한 온라인 패션 브랜드가 첫 오프라인 쇼룸의 입지를 고민하고 있다.

(1) **분석 데이터:** 서울시 내 주요 상권의 업종, 소비, 소셜 데이터

패션비즈 | 의류 브랜드 「어널로이드」 쇼룸
https://fashionbiz.co.kr/article/167064

(2) **클러스터링 AI의 분석 과정:**

[데이터 패턴 분석] AI는 여러 상권 데이터 속에서 독특한 공통점을 가진 지역들을 발견한다. ① 독립 디자이너 브랜드샵과 편집샵, 컨셉 스토어의 비중이 높고, ② 20대 여성의 카드 결제 비율이 압도적이며, ③ 인스타그램에서 '#오오티디', '#성수동카페' 등 특정 패션 및 라이프스타일 관련 해시태그 언급량이 폭발적인 지역들이다. [신규 군집 형성] AI는 이러한 DNA를 공유하는 지역들(예: 성수동 연무장길, 한남동, 압구정 로데오)을 지리적 위치와 상관없이 'MZ 패션 성지'라는 하나의 군집으로 묶어낸다.

(3) **최종 결론 및 비즈니스 전략:** 이 패션 브랜드는 막연히 '유동인구가 많은 곳'을 찾는 대신, AI가 발굴한 'MZ 패션 성지' 클러스터에 속한 지역에만 집중하는 전략을 세운다. 성수동에 첫 쇼룸을 성공적으로 론칭한 후, 그 성공 방정식을 동일한 DNA를 가진 한남동과 압구정 로데오에 그대로 복제하여 팝업 스토어를 연다. 이는 마케팅 효율을 극대화하고, 브랜드의 정체성을 가장 잘 이해하는 핵심 고객층에게 직접 다가가는 가장 효과적인 입지 전략이 된다.

- **클러스터링 AI의 분석 과정 가상 사례 2: '가족 외식 전문' 상권 클러스터와 프랜차이즈 확장 전략**

자녀를 동반한 가족 단위 고객을 주 타겟으로 하는 한 대형 패밀리 레스토랑 프랜차이즈가 전국적인 확장 계획을 수립하고자 한다.

(1) **분석 데이터:** 전국 주요 도시 상권의 업종 및 인구통계 데이터

(2) **클러스터링 AI의 분석 과정:**

[데이터 패턴 분석] AI는 전국의 상권 데이터에서 특정 패턴을 보이는 지역들을 식별한다. ① 대형 패밀리 레스토랑, 키즈카페, 대형마트가 밀집해 있고, ② 주말 점심 및 저녁 시간대에 유동인구가 집중되며, ③ 배후에 대규모 아파트 단지가 있고 주차 공간 확보가 용이한 지역들이다.

[신규 군집 형성] AI는 이러한 특성을 공유하는 수도권의 일산, 분당, 동탄과 지방의 대도시 신시가지 등을 '가족 외식 허브'라는 동일한 군집으로 분류한다.

(3) **최종 결론 및 비즈니스 전략:** 이 프랜차이즈 본사는 더 이상 개별 도시나 지역을 하나하나 분석할 필요가 없다. AI가 정의한 '가족 외식 허브' 클러스터 자체가 바로 신규 지점 출점을 위한 '성공 보증 지도'가 된다. 본사는 이 클러스터에 속하는 지역 리스트를 바탕으로 출점 우선순위를 정하고, 표준화된 매장 설계와 마케팅 전략을 일괄적으로 적용한다. 이를 통해 복잡한 시장 분석에 드는 시간과 비용을 획기적으로 절감하고, 리스크가 가장 적은 곳에 자원을 집중하는 과학적인 확장 전략을 실행할 수 있게 된다.

4

"주택 구매자 유형별 군집화하고, 타겟 마케팅을 전개한다."와 가상사례

4.1. 구매자의 마음을 읽다: 데이터로 그리는 소비자 페르소나

아파트를 구매하는 모든 사람의 동기는 제 각각이다. 생애 최초로 내 집을 마련하는 신혼부부, 자녀의 학군을 위해 이사하는 3040 부모, 은퇴 후 조용한 삶을 위해 집을 줄여 떠나는 5060 세대. 건설사나 분양 대행사가 성공적인 마케팅을 하기 위해서는 이처럼 다양한 구매자들의 특성을 이해하고, 그들이 진정으로 원하는 메시지를 전달해야 한다.

클러스터링(Clustering)은 바로 이 '주택 구매자 유형'을 데이터에 기반하여 과학적으로 찾아내는 분석 기법이다. 이는 마케터의 직감이나 경험에 의존해 가상의 고객(페르소나)을 만드는 것을 넘어, 실제 구매자들의 데이터를 통해 자연적으로 형성된 그룹을 발견하는 과정이다. AI는 과거 주택 구매자들의 데이터—나이, 소득, 가족 구성원 수, 기존 거주지, 대출 규모, 주요 관심사 키워드 등—를 분석하여, 유사한 특성을 가진 사람들을 하나의 '군집(Cluster)'으로 묶어준다.

이렇게 정의된 구매자 군집은 단순한 '30대 남성'을 넘어, "높은 대출을 활용해 서울 외곽의 소형 아파트를 구매하려는 30대 초반 맞벌이 신혼부부"와 같이 훨씬 더 구체적이고 생생한 모습을 띤다. 기업은 이처럼 명확하게 정의된 타겟 그룹에게, 그들의 언어로, 그들이 원하는 채널을 통해, 그들이 가장 필요로 하는 정보를 전달하는 초정밀 타겟 마케팅을 전개할 수 있게 된다.

4.2. 가상 사례로 배우는 초정밀 타겟 마케팅 전략

AI가 어떻게 구매자 데이터를 군집화하여, 효과적인 마케팅 전략 수립에 기여하는지 두 가지 가상 사례를 통해 살펴본다.

- **클러스터링 AI의 분석 과정 가상 사례 1:**
  '영끌 신혼부부' 클러스터와 맞춤형 분양 마케팅

한 건설사가 서울 외곽에 중소형 아파트 단지를 분양하며, 주 타겟 고객층을 설정하고자 한다.

(1) **분석 데이터:** 최근 2년간 수도권 아파트 구매자 데이터

(2) **클러스터링 AI의 분석 과정:**

[데이터 패턴 분석] AI는 구매자 데이터에서 특정 패턴을 보이는 그룹을 발견한다. ① 30대 초반의 2인 맞벌이 가구이며, ② 합산 소득은 중상위권이지만 주택담보대출비율(LTV)이 70%에 육박하고, ③ 경기도 신축 빌라나 오피스텔에서 서울로 진입하려는 이동 패턴을 보이며, ④ '신생아 특례대출', '역세권', '직주근접' 키워드에 대한 관심이 매우 높다.

[신규 군집 형성] AI는 이들을 '영끌 신혼부부'라는 하나의 군집으로 정의한다. 이들은 높은 대출 부담을 감수하더라도 서울에 내 집 마련을 하려는 의지가 매우 강한, 명확한 정체성을 가진 그룹이다.

(3) **최종 결론 및 마케팅 전략:** 건설사는 이 군집의 특성에 완벽하게 맞춘 마케팅을 전개한다. 아파트의 장점을 나열하는 대신, ① "신생아 특례대출 최대 활용 가능!"이라는 문구를 전면에 내세우고, ② 강남, 여의도 등 주요 업무지구까지의 지하철 소요 시간을 분 단위로 강조하며, ③ 인스타그램과 같은 젊은 세대가 사용하는 채

널에 '우리 부부의 첫 서울 아파트'라는 감성적 콘텐츠를 집중적으로 노출한다. 그 결과, 막연한 불특정 다수가 아닌, 구매 확률이 가장 높은 핵심 타겟에게 가장 효과적인 메시지를 전달하여 높은 초기 계약률을 달성한다.

■ **클러스터링 AI의 분석 과정 가상 사례 2:**
'은퇴 준비 '다운사이저'(Downsizer)' 클러스터와 시니어 주택 마케팅

한 개발사가 경기도의 쾌적한 자연환경 속에 고급 타운하우스를 조성하고, 이를 분양하기 위한 전략을 수립한다.

https://www.e2news.com

(1) **분석 데이터:** 서울 및 수도권 주택 거래 데이터

(2) **클러스터링 AI의 분석 과정:**

[데이터 패턴 분석] AI는 또 다른 독특한 그룹을 발견한다. ① 50대 후반에서 60대 초반의 자녀를 독립시킨 부부이며, ② 현재 소득은 높지 않지만 순자산이 많고 대출 의존도가 낮으며, ③ 강남의 대형 아파트를 매각하고 수도권의 쾌적한 중소형 주택으로 이동하는 패턴을 보이며, ④ '종합병원 접근성', '산책로', '커뮤니티 시설'에 대한 관심이 높다.

[신규 군집 형성] AI는 이들을 '은퇴 준비 다운사이저'라는 군집으로 명명한다. 이들은 단순히 집의 크기를 줄이는 것이 아니라, 삶의 질을 높이는 것을 최우선으로 생각하는 그룹이다.

(3) **최종 결론 및 마케팅 전략:** 개발사는 이 군집을 타겟으로, 완전히 차별화된 마케팅을 펼친다. 젊은 층이 보는 플랫폼 대신, 주요 일간지의 부동산 섹션이나 프리미엄 잡지에 광고를 집행한다. 광고 내용은 학군이나 교통 편의성이 아닌, ① '단지 10분 거리 대학병원', ② '단지 내 피트니스 및 골프 연습장', ③ '입주민을 위한 가드닝, 인문학 동호회 지원' 등을 강조한다. 또한, 분양 사무소에서 부동산 전문가가 아닌 세무 전문가를 초빙하여 '자산 승계 및 절세 전략' 세미나를 개최한다. 이는 '다운사이저' 그룹의 실질적인 관심사를 정확히 공략하여, 높은 가격에도 불구하고 성공적인 분양을 이끌어내는 핵심 전략이 된다.

5

DBSCAN으로 도시부동산 이상 거래지역 식별하기와 가상사례

5.1. 데이터의 속삭임에 귀 기울이다: 이상 신호를 포착하는 밀도 탐정

도시의 부동산 거래 데이터는 대부분 예측 가능한 범위 안에서 움직이지만, 때로는 상식에서 벗어나는 '이상 거래(Anomaly)'가 발생한다. 시세를 조작하기 위한 의도적인 고가 거래, 존재하지 않는 개발 호재를

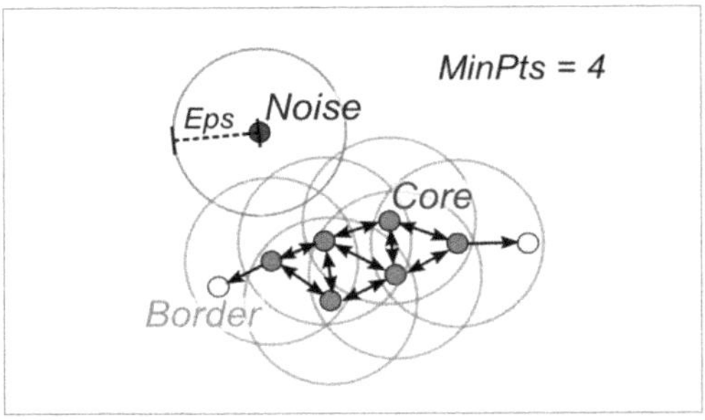

밀도기반군집(Density-Based Clustering) 이해(DBSCAN) https://m.blog.naver.com

내세운 기획부동산 사기 등은 시장의 건전성을 해치는 위험 신호이다. “DBSCAN(Density-Based Spatial Clustering of Applications with Noise)”은 이러한 이상 신호를 찾아내는, 데이터의 ‘밀도’를 기반으로 움직이는 매우 특별한 군집화 알고리즘이다.

다른 군집화 기법(예: K-평균)이 모든 데이터를 어떻게는 특정 그룹에 포함시키려는 것과 달리, DBSCAN은 다른 접근법을 취한다. 이는 마치 파티장에서 사람들이 모여 있는 무리를 찾는 것과 같다. ① 일정 반경(epsilon, eps) 안에, ② 최소한의 사람(minPts) 이상이 모여있으면 하나의 ‘무리(군집)’로 인식한다. 여기서 DBSCAN의 진정한 힘이 드러난다. 어떤 무리에도 속하지 않고 홀로 떨어져 있는 사람, 즉 ‘노이즈(Noise)’를 스스로 식별해내는 능력이다.

부동산 거래에서 ‘정상적인 거래’는 서로 비슷한 가격대와 특성을 가지며 촘촘하게 모여 있는 ‘밀집 지역’을 형성한다. 반면, ‘이상 거래’는 이러한 정상적인 흐름에서 벗어나 홀로 동떨어진 ‘노이즈’로 나타나거나, 그들 만의 작은 ‘비정상적 밀집 지역’을 형성한다. DBSCAN은 바로 이 ‘노이즈’와 ‘비정상적 군집’을 탐지하여, 우리가 미처 인지하지 못했던 도시의 위험 신호를 수면 위로 드러내는 역할을 한다.

5.2. 가상 사례로 배우는 DBSCAN의 이상 거래 탐지

AI 밀도 탐정이 어떻게 DBSCAN을 활용하여 부동산 시장의 이상 징후를 포착하는지, 두 가지 가상 사례를 통해 살펴본다.

■ DBSCAN의 이상 거래 탐지 과정 가상 사례 1:
'나 홀로 급등' 아파트 거래와 이상치(Noise) 탐지

한 아파트 단지에서, 주변 시세와 동떨어진 매우 높은 가격의 거래가 한 건 발생했다. 이것이 시세 조작을 위한 허위 거래인지 분석하고자 한다.

(1) **분석 데이터:** A 아파트 단지의 최근 1년간 거래 데이터

(2) **주요 특성:** X축은 '3.3㎡당 가격', Y축은 '직전 거래 대비 가격 상승률'

(3) **DBSCAN의 이상 거래 탐지 과정:**

[정상 거래 군집 형성] AI가 거래 데이터를 분석하니, 대부분의 거래는 '3.3㎡당 가격 5,000～5,500만 원', '상승률 5～10%' 범위 안에 촘촘하게 모여 하나의 거대한 '정상 거래 군집'을 형성한다.

[노이즈 포인트 식별] 그런데 단 하나의 거래가 '3.3㎡당 가격 8,000만 원', '상승률 50%'라는, 이 정상 군집에서 아주 멀리 떨어진 곳에 외롭게 위치해 있다. DBSCAN 알고리즘은 이 점의 주변에는 어떠한 다른 데이터도 없으므로, 어떤 군집에도 속하지 않는 '노이즈(이상치)'로 최종 판별한다.

(4) **최종 결론 및 조치:** AI는 해당 거래를 '통계적 이상 거래'로 분류하고, 감독 기관에 정밀 조사가 필요하다는 경고를 보낸다. 만약 이 거래가 가족 간의 비정상적 증여이거나, 대출을 위해 시세를 인위적으로 부풀린 허위 계약일 경우, DBSCAN은 평균이나 다른 통계 지표에 묻혀 버릴 수 있는 단 한 건의 위험 신호를 정확하게 포착해낸다.

■ DBSCAN의 이상 거래 탐지 과정 가상 사례 2:
'기획부동산 의심' 소규모 이상 거래 군집 발견

개발이 불가능한 경기도의 한 산악 지역에서, 특정 필지들이 작은 단위로 쪼개져 여러 사람에게 높은 가격에 판매된 정황이 포착되었다.

(1) **분석 데이터:** 해당 지역의 토지 거래 필지 위치 및 가격 데이터

(2) **주요 특성:** 지도상의 거래 위치(X, Y 좌표)

(3) **DBSCAN의 이상 거래 탐지 과정:**

[밀도 기반 군집 탐색] AI가 지도 위에서 거래가 발생한 위치의 밀도를 분석한다. 대부분의 지역은 거래가 없어 밀도가 0에 가깝다.

[비정상적 군집 발견] 하지만, 개발이 불가능한 특정 산 중턱 세 곳에서, 각각 10~15개의 거래가 매우 좁은 반경 안에 촘촘하게 모여 있는 작고 밀도 높은 군집들이 발견된다. 이 군집들은 서로 멀리 떨어져 있으며, 주변에는 다른 거래가 전혀 없다.

(4) **최종 결론 및 해석:** DBSCAN은 이들을 '고립된 소규모 이상 거래 군집'으로 식별한다. 이는 전형적인 기획부동산 사기의 패턴이다. 하나의 회사가 여러 개의 쓸모없는 땅을 사들인 뒤, 텔레마케팅 등을 통해 "곧 개발될 것처럼" 속여 여러 명의 피해자에게 비싼 값에 쪼개 파는 수법은, 데이터상에서 바로 이러한 '고립되고 밀도 높은 비정상적 군집'의 형태로 나타난다. DBSCAN은 이처럼 개별 거래가 아닌, '조직적인 이상 거래의 패턴'을 찾아냄으로써 더 큰 규모의 사기 범죄를 예방하는 결정적인 단서를 제공한다.

6

고수익 클러스터 탐색을 통한 투자 지도 작성과 가상사례

6.1. 데이터 속 보물찾기: 고수익 지역의 숨겨진 지도를 그리다

성공적인 부동산 투자의 핵심은 남들이 미처 발견하지 못한 '기회의 땅'을 선점하는 것이다. 도시 전체를 놓고 보았을 때, 높은 수익을 내는 부동산들은 무작위로 흩어져 있는 것이 아니라, 특정 조건을 공유하며 무리를 짓는 경향이 있다. 클러스터링(Clustering)은 바로 이 '고수익 부동산들의 무리(군집)'를 데이터 속에서 찾아내어, 투자자를 위한 보물 지도를 그리는 기술이다.

AI는 도시의 모든 지역에 대한 방대한 데이터를 분석한다. 단순히 현재의 임대수익률 뿐만 아니라, 지난 몇 년간의 지가 상승률, 공실률 변화, 유동인구 증가율, 신규 창업률 등 다 차원적인 '성장 DNA'를 종합적으로 살핀다.

클러스터링 알고리즘은 이 DNA가 유사한 지역들을 자동으로 묶어준다. 이 과정을 통해 우리는 "현재 수익률은 보통이지만, 젊은 인구가 급격히 유입되고 창업률이 높아 미래가치가 폭등할 지역"과 같이, 기존의 분석으로는 찾아낼 수 없었던 새로운 유형의 '고수익 잠재 지역'을 발견하게 된다.

이렇게 완성된 '고수익 클러스터 지도'는 투자자에게 어디에 총알(자본)을 집중해야 할지 알려주는 가장 강력한 나침반이 된다. 이는 막연한 감이나 소문에 의존하던 투자의 시대를 끝내고, 데이터에 기반한 과학적이고 전략적인 투자의 시대를 여는 핵심 열쇠이다.

6.2. 가상 사례로 배우는 고수익 투자 지도 제작

AI 보물 사냥꾼이 어떻게 클러스터링을 통해 고수익 지역을 발굴하고, 투자자에게 새로운 기회를 제공하는지 두 가지 가상 사례를 통해 살펴본다.

■ 클러스터링 AI의 분석 과정 가상 사례 1: '소규모 상가' 고수익 클러스터 발견과 투자 전략

안정적인 현금 흐름을 추구하는 한 개인 투자자가 대형 상권 이면에 숨겨진 알짜배기 소규모 상가 투자처를 찾고자 한다.

(1) **분석 데이터:** 서울시 내 전용면적 66㎡ 이하 소규모 상가의 임대수익률, 공실률, 임대료 변동률 데이터

(2) **클러스터링 AI의 분석 과정:**

[데이터 패턴 분석] AI는 데이터를 분석하여, 대부분의 상가와는 다른 독특한 패턴을 가진 그룹을 식별한다. 이 그룹은 ① 임대수익률이 최상위권은 아니지만 5% 내외로 매우 안정적이고, ② 지난 5년간 공실이 거의 발생하지 않았으며, ③ 임대료가 급등하기보다는 꾸준히 물가상승률 이상으로 상승하는 특징을 보인다.

[신규 군집 형성] AI는 이러한 특성을 공유하는 지역들(예: 특정 대학교 후문, 대규모 아파트 단지 주 출입구 인근의 오래된 상가들)을 '안정적 캐시카우(Cash Cow)'라는 하나의 군집으로 묶어낸다. 이들은 화려하지는 않지만, 지역 주민들의 필수적인 수요를 바탕으로 흔들림 없는 수익을 창출하는 '숨은 강자'들이다.

(3) **최종 결론 및 투자 전략:** 이 투자자는 AI가 그려준 '안정적 캐시카우' 클러스터 지도를 바탕으로 투자 대상을 물색한다. 화려한 신축 상가나 유동인구가 많은 중심 상권 대신, 이 클러스터에 속한 지역의

소규모 상가 매물을 집중적으로 공략한다. 그 결과, 시장의 부침에 큰 영향을 받지 않으면서 은행 이자보다 훨씬 높은 수익을 꾸준히 얻을 수 있는, 자신의 투자 목적에 완벽하게 부합하는 포트폴리오를 구성하게 된다.

■ 클러스터링 AI의 분석 과정 가상 사례 2: '미래가치 폭등' 잠재적 클러스터 탐색

높은 위험을 감수하더라도, 큰 시세차익을 목표로 하는 한 부동산 펀드가 미래 성장 가능성이 가장 높은 지역을 선점하고자 한다.

(1) **분석 데이터:** 수도권 내 비 중심 지역의 인구, 산업, 개발 계획 데이터

(2) **클러스터링 AI의 분석 과정:**

[미래 성장 DNA 분석] AI는 현재의 가치가 아닌, 미래의 잠재력을 나타내는 데이터에 집중한다. ① 30대 인구 순유입이 최근 1년간 급증하고, ② IT 및 미디어 관련 스타트업의 사업자 등록이 늘어나고 있으며, ③ 아직 발표되지는 않았지만 광역교통망 계획의 후보지로 거론되는 등, 미약하지만 의미 있는 변화의 신호들을 포착한다.

[신규 군집 형성] AI는 이러한 '미래 성장 DNA'를 공통으로 가진 지역들(예: 특정 지하철 노선의 종점 부근, 대규모 택지개발지구 인근의 저개발 지역)을 '미래 잠룡'이라는 고위험-고수익 잠재 군집으로 분류한다.

(3) **최종 결론 및 투자 전략:** 이 부동산 펀드는 아직 시장에 거의 알려지지 않은 '미래 잠룡' 클러스터에 속한 지역의 낡은 건물이나 토지를 대대적으로 매입하는 과감한 투자를 집행한다. 2~3년 후, 이 지역에 실제로 광역교통망 계획이 발표되고 젊은 기업들이 몰려들면서 지가가 폭등하기

시작한다. 클러스터링을 통해 미래의 변화를 먼저 읽어낸 이 펀드는, 남들이 뒤늦게 추격 매수에 나설 때 막대한 시세차익을 실현하며 시장의 승자가 된다.

참고문헌

1. nvtech. (2023). NPV와 IRR 투자 수익률뜻 공부하기 (NPV and IRR Investment Return Meaning Study). 9invtech.com.
2. Aibrilliance. (2024). 16 Ways AI is Revolutionizing Real Estate. Aibrilliance.com.
3. ExtensisHR. (N.D.). What Is an AI Brokerage? Extensishr.com.
4. HomeJab. (N.D.). Virtual Staging. Homejab.com.
5. Matellio. (N.D.). Conversational AI. Matellio.com.
6. Salesforce. (2023). What is Lead Generation? Salesforce.
7. Steam. (N.D.). Virtual Reality. Steam.
8. Vocal Media. (N.D.). The Role of AI And Automation In Residential Property Management. Vocal.media.
9. LinkedIn. (N.D.). K-means Clustering. Linkedin.com.
10. Parry, J. (N.D.). Introduction to Spatial Lags for Spatial Analysis. YouTube.
11. Lindy, Inc. (2025, July). How Do Chatbots Qualify Leads and Drive Sales? Lindy.ai.
12. Loomer, J. (2023, August 6; updated 2025, March 1). Meta Ads Lookalike Audiences: A complete guide.
13. Macchiaroli, M. (2025). Extended reality (XR) impacts on real estate market and marketing. SASBE Reports.
14. Matrixian Group. (n.d.). Automated valuation model (AVM). Matrixian.com.
15. McAfee, R. P., & te Velde, V. (2006). Dynamic pricing in the airline industry. In Handbook on Economics and Information Systems (Vol. 1, pp. 527–569). Elsevier.
16. McKinsey & Company. (2009, June 1). The consumer decision journey. McKinsey Quarterly.
17. McKinsey & Company. (2023, November 14). The power of generative AI in real estate. McKinsey & Company.

18. MDPI. (2022, September 13). Machine learning applications in surface transportation systems.
19. National Association of Realtors. (2023). Real Estate in a Digital Age Report. NAR.
20. PriceLabs. (2024). AI-driven dynamic pricing for short-term rentals.
21. Purwar, A., & Chawla, I. (2023). The convergence of digital twin, IoT, and machine learning: Transforming data into action. ResearchGate.
22. RealPage. (2023). AI revenue management for multifamily housing.
23. Realtor.com. (2025, March). How AI Chatbots Can Boost Lead Engagement for Real Estate Agents.
24. Salam, A. F., & Stevens, J. R. (2007). Semantic web technologies and e business: Toward the integrated virtual organization and business process automation. Hershey, PA: Idea Group Publishing.
25. Sekar, A. N. (2024). Transforming real estate sales and marketing with augmented reality. Procedia Computer Science.
26. Shields, K. D. (2023, August 7). Position of generative AI.
27. Singh, P., & Tiwari, S. (2025). Digital twins and artificial intelligence: An essential combination. ResearchGate.
28. Smythos LLC. (2024, September). Chatbots and Lead Generation: How AI Drives Customer Acquisition.
29. SoftKraft. (2025, May 22). 10 real estate AI use cases transforming the industry in 2025.
30. Talluri, K. T., & van Ryzin, G. J. (2004). The theory and practice of revenue management. Springer.
31. Texas A&M Real Estate Center. (2025, July 21). AI in action: What's possible with artificial intelligence in real estate. Texas A&M University.
32. The Silicon Review. (2025, July 23). The rise of AI powered virtual staging in property marketing.
33. The Times. (2024, April 25). How AI is changing the world of property listings. The Times.
34. Turing. (2025, February 21). Deep learning vs machine learning.

35. V7 Labs. (2023). AI in real estate: Key use cases, solutions, and challenges.
36. Wired. (2022, February 18). Zillow botched buying homes. Opendoor thinks it can do better. Wired.
37. Wu, J., Yang, C., Mahns, S., Wang, C., Zhu, H., Fang, F., & Xu, H. (2025, February 24). Grounded persuasive language generation for automated marketing.
38. Zhu, Y., Liu, Y., Xie, R., Zhuang, F., Hao, X., Ge, K., Zhang, X., Lin, L., & Cao, J. (2021, May 31). Learning to expand audience via meta hybrid experts and critics for recommendation and advertising.
39. Zillow. (2024). How Zillow uses AI for home price estimation.
40. Zuher, A. (2024, September 17). Generative AI in real estate

【저자 약력】

원제무

저자는 한양대 공대, 서울대 환경대학원, 미국 UCLA도시건축대학원을 졸업하고, MIT도시대학원에서 도시계획 및 교통계획 박사학위를 받았다.
저자는 귀국 후 KAIST 도시교통연구본부장, 서울연구원 선임연구위원, 서울시립대 도시공학과 교수 등을 거쳐 국토도시계획학회장과 한양대 도시대학원장을 역임했다.
현재는 한양대 도시대학원 명예교수로 재직하면서 연구와 강의를 해오고 있다.

도시부동산 가치, AI 머신러닝 모델에게 물어봐

초판 인쇄 2025년 9월 5일
초판 발행 2025년 9월 10일

지은이 원제무
펴낸이 박노일

총괄기획 최준규
편 집 이상민

펴낸곳 pnc publishing and culture 피앤씨미디어
경기도 고양시 일산동구 강송로 153, 310-1501
등록 제396-2012-000203호
전 화 070)7550-3758 팩 스 02)6280-3758
홈페이지 www.pncmedia.co.kr 이메일 pnc@pncmedia.co.kr
ISBN 979-11-7401-027-8 93500

정 가 17,000원